自由女子の教科書

好きなことで月収100万円!
起業のタネが見つかる

高野貴士
Takano Takashi

幻冬舎MC

はじめに

「好きなことで起業して、月に100万円稼ぎたい！」
「組織や時間に縛られず、自分らしく働きたい！」
「景気や社会情勢に左右されない仕事がしたい！」

昨今は副業を認める会社もあり、国は起業をすすめるという風潮のなかで、趣味や特技を活かして、自宅で開業したり、インターネット環境を利用して手軽に起業する女性が増えています。

私はそんな女性たちからの相談を受け、これまでに1000名を超える起業家をプロデュースしてきました。が、すぐに起業に踏み出せた人はほんの一握り。最初は誰しもが一歩踏み出すことに躊躇したり、失敗することに不安を感じたりしてしまうものです。

好きなことで100万円稼ぐ、自由に働く、自分の使命と思える仕事をする。そういった理想をもち行動を進め起業に成功している女性たちも、最初は多くの不安や悩みを抱えていました。そして、私自身もそうでした。

起業するまでには悩み、苦しんだ経験があります。

水産業者の跡取りとして生まれた私は、幼少期からどうしても跡を継ぎたくないという想いがあり、両親にそれを認めてもらうためには「ほかで必ず、成功しなければ」と常に考えてきました。成功を求めて世界一になろうと決意し、社会人1年目で単身ニューヨークに渡り、23歳の若さでレストランの料理長を任されることになったときには、「成功をつかみ取った！」と舞い上がりました。が、とんでもありません。この年齢で料理長の肩書きを手にした私は、自信のなさから逆にこの肩書きを誰かに奪われてしまうことが怖くなり、周りの人を疑うようになってしまいました。料理長の肩書きを守ることだけを考えた私の言動は、思いやりのかけらもなく、自分の考えを押し付けるような傲慢なもので、その私の態度に嫌気がさしたのでしょうか、多くのスタッフが次々と私のもとを去っていくという事態を招いてしまったのです。どうしていいのか分からず孤独にさいなまれていたとき、1冊の本と出会いました。そこには「人に応援されたかったら、人を応援しなさい」という言葉が書かれており、大きな衝撃を受けました。この本に書かれていた内容は、のちにコーチングと呼ばれる技術だったと知るのですが、私はその言葉に導かれるようにして、成功のための再スタートを切りました。

人の良いところを見つけ、さらにはその人にしかない才能を見抜き、伸ばしていくその技術を、来る日も来る日もひたすら勉強し、実践しました。すると、しばらく経ったある頃から、変化が起こり始めました。周囲の皆に信用され、信頼され、応援されるようになっていったのです。そこから私の人生は大逆転し、今に至ります。さらに良かったのは、コーチング技術のおかげで私の心も変化し、幼少期からあった両親との確執もいつの間にか解消されていったことです。

それらの経験をもとに私は、前向きだけれども悩める女性たちに「コーチングを通じて、あなたがこれまでに乗り越えてきた経験が誰かの役に立ったとき、自分自身の価値に出会うことで、人生を思いのままに叶えることができますよ」とアドバイスをするようになりました。

ちなみにコーチングとは、スポーツの試合に勝つためにアスリートに指導をするコーチ、の仕事とは異なります。

人は人生において、「より良く変わりたい」と願います。コーチングとは、その気持ちを応援し導いていく手法としてアメリカから広がってきた技術です。今や、日本でも経営者やビジネスパーソンの欠かせないスキルの一つとして認知されつつあります。また、人生をより良く変えたいという多くの方へも少しずつ広がり始めています。

私が本書でお伝えしたいことは二つです。一つは、私の「稼げるコーチング起業メソッド」について、そしてもう一つは起業の先にある「自由で自分らしく、豊かな人生を手に入れる」方法についてです。

私の「稼げるコーチング起業メソッド」は、「変わりたい」と思っているのに「変われない」あなたの「なぜ、あと一歩が踏み出せないのか」の理由を見つけ、まずは「心のブレーキ」をはずしていくことから始めます。そして、あなたが本来もっている「強み」や「本当にやりたいこと」を引き出して、コーチングとかけ合わせて起業や副業につながる、あなただけのビジネス設計をしていきます。

あなたのこれまでの人生、そしてこれから叶えたい未来を、この方程式に当てはめていけば、気負わずスピード感をもって起業の成功というゴールに到達できるのです。この「稼げるコーチング起業メソッド」こそ、最速で成功体験を積んで起業できる他に類をみない画期的な方法であると、確信しています。

この方法を一人でも多くの方に伝えていきたいと思い、この本を執筆いたしました。

このメソッドを完全にマスターするにはたったの1カ月しかかかりません。早い方では、学んでいるうちから即、行動を起こして、サラリーマン以上に収入を得て、起業される方もいます。私のメソッドは通常、目標を定めることを推奨していますが、例えば、「好きなことで、月100万円稼げるようになる」という目標を設定したとして、ほとんどの方が予定どおりに行動を起こして、期限内に成功を収めています。

ただ、なかには、「コーチングの技術や起業はほかの本やセミナーで学んだけれど、安定して自由に生活できるまでのスキルは身につかなかった」という方もいるのではないでしょうか。

このメソッドがほかのものと一線を画しているのは、「起業して、ある程度稼げたらおしまい」ではないところ。起業の成功のその先にある「好きなことだけで稼いで、本物の自由を手に入れる」仕事や事業の在り方、お金の殖やし方も提案していきます。

そもそも、この本を手にしたあなたにとって、人生の真の理想は「起業」ではないはずです。真の理想は「自由で自分らしく、豊かな人生を手に入れること」ではないですか？そのための手段が「起業」なのではないでしょうか。

これから、あなたの「自由で自分らしく、豊かな人生を手に入れる」方法として、自分らしい仕事の出会い方とつくり方、マインドセット（人の習慣的な物事の見方や考え方を変えていく）の方法、その先のお金の殖やし方であるアーリー・リタイアの手法などを提案していきます。

本書を読み終えたとき、あなたはきっと「自分で未来を切り拓いていけば、収入も人生も思いどおりに変わっていく」、そんなイメージを描けるはずです。

高野貴士

好きなことで月収１００万円！　起業のタネが見つかる　自由女子の教科書　目次

［第2章］「理想の未来」を具体的な行動予定にする方法

［第3章］「月収20万円の私」から「月収１００万円の私」へ

［第4章］　自分らしさ＝自分軸を知るための「7つの質問」

［第5章］　好きなこと×コーチングで起業に成功した女性たち　究極の目標は月に100万円稼ぐこと

［第1章］

「好きなこと」で稼ぎたいのに、最初の一歩が踏み出せないのはなぜ？

「働き方」の常識は変わった。雇われるのではなく、好きな仕事で輝きたい！

2020年に広まった新型コロナウイルスの影響もあり、今、多くの方がサラリーマンとしての働き方、雇われるという考え方自体に違和感を覚え、起業や独立に向けて動かれています。私は起業家プロデューサーとして、そのような新しい生き方へ意欲のある女性たちから、相談をたくさん受けています。

ただ、私が最初に皆さんにお伝えしているのは、「起業すること自体が目的になってはいませんか？」という問いかけです。あなたの人生の目的は何でしょうか？

「起業した先に自分らしい自由な生き方を選択でき、自分らしい生き方ができること」、これが皆さんの本当の目的ではないでしょうか。そうなったとき、ただ起業すればいい、ただ独立すればいい、とはなりませんよね。

私は、皆さんの人生の本当の目的、真の自由を手にするためにはどういう考え方、習慣が必要なのか？ということを前提として、学びを深めていただき、皆さんに「真の自由を手にする自由女子」になっていただきたいと思っています。

この本の内容は普段から私がお伝えしているものです。「高野さんの話を聞いて人生観が変わりました！」とか「収入が10倍になりました！」という方がたくさんいらっしゃいます。

一方、「高野さんの話を聞くだけで人生が変わりましたって、そんな簡単に変わったら苦労しないわ」と思う方もいるかもしれません。しかし、実際に多くの女性が生き方を変えているのです。

一つお伝えしたいのは皆さんがこの本で人生が変わると確信して読み進めていただくと、それは現実のものになっていきますが、「変わるわけないでしょう」とか、「私にはそんなこと無理」と思われているとしたら現実を変えることは難しい、という事実です。つまり、自分を信じること、そこから現実は変わっていきます。

私たちは信じたとおりの現実しかつくることができません。皆さんができると信じたら現実になるし、私には無理だと思っていたら昨日と同じあなたでしかないのです。

前述したとおり、今後の働き方をどうしたらいいか悩んでいる方は本当に増えていますが、私がプロデュースし起業をされた女性たちは、私の考案したメソッドを実践していった結果、このコロナ禍でも事業を維持するばかりか、なんと、逆にコロナ禍を追い風にまでしています。

「もっと自分らしい仕事がしたい」「組織に属さず自分らしく働きたい」「自分の好きなことを仕事にできたら最高」と感じ、働き方を変えたいと思っている女性こそ、起業に向いています。

これからは会社に所属していようがいまいが、誰もが自分の価値を最大限に活かしながら収入を増やし、自由で豊かな人生を楽しむ時代です。ぜひ、あなたもその気持ちがあるならばチャレンジしてください。

私は最近、欧米の20~30代の間で話題となっている「FIRE（ファイア）」という働き方に注目しています。これは早期退職をすることでお金のために働く縛りから自分を解放する、というライフプランの概念で、一定の貯蓄を確保し、毎年の生活費を賄える投資の収益を得ることで、経済的自立を目指すやり方です。

貴重な時間を過剰に労働に充てることなく、豊かな人生設計を模索し、そのライフスタイルを自分でつくり上げていくという考えを背景に誕生したこのスタイルは、今後もその時代に合ったカタチでどんどん広まっていくでしょう。

誰もが、これからどうしていくべきか、どう時代を乗り越えていったらいいのか、どういう自分であったらいいのか、を考えるときです。自分らしい生き方と働き方を見つけ、まさにこの時代の追い風に乗ってほしいと思います。

本書では、これまで多くの女性の人生を変えてきた私のメソッドをもとに、起業を目指している方や、あなたらしい働き方を見つけたい方に、解決策をお伝えしてまいります。

気がつけば「セミナー渡り鳥」になっていませんか？

質問です。成功するには何を学んだらいいと思いますか？

世の中にはたくさんの情報があります。私は今でも、年間1000万円ほどの自己投資をして、さまざまなセミナーに参加し学んでいます。その目的は、自分が稼ぎたいということではなく、私の生徒さんに成果を挙げてほしくて、そのノウハウを探したり、世の中の「稼ぐトレンド」がどうなっているかを知るためです。

そのなかで、いつも不思議に思っていることがあります。例えば「お金を稼ぎたい人」へ、提供されている起業セミナーは「能力や才能、経験はいりません！」と謳っているものが非常に多いです。しかし、そのセミナーを受講し、成功している人はほんの一握りだったりします。実際、だいたいの起業セミナーは成功確率は2～3％といわれていたりしますが、なぜ、それほどに達成率が低いのでしょうか？

その理由を、私はこうとらえています。稼ぎたい、成功したい、と願う方がまず学ぶべきことは、「稼ぐための知識ではなく、成功している人の在り方」であるのに、一般的なセミナーにはその内容が組み込まれていないからではないか？と。

その「在り方」は、見落としがちなポイントですが、非常に重要です。私の定義としての「在り方」とは、成功している人の考え方や行動パターン・習慣のことです。成功者はなぜ成功するのか？　自分とは何が違うのか？　これまでうまくいかなかったとしたらそれはなぜなのか？　そのポイントを認識し、今までの自分ではなく「成功者の行動パターン・習慣」を身につける、それができるから成功するのです。

ところが、世の中のほとんどのセミナーは、「在り方」を抜きにしてスキルやテクニックを教えています。そのスキルやテクニックを身につければ、誰もができた気になるので、魅力的に見えますしセミナーも人気が高くなるのでしょう。ただし、スキルやテクニックだけがあっても、今までの自分の行動パターンや習慣のままでは、稼ぐ、成功する、というところにたどり着くことは難しいと思います。

皆さんに知っていただきたいのは「在り方」こそ重要ということ。私はさまざまな切り口でセミナーを開催していますが、すべてのセミナーで、この成功者の在り方からまず伝えています。

本書も、まずは成功者の在り方を学んでいただいてから、スキルやテクニックをお伝えしていく構成になっています。この順番でやっていただかないと、私がいくらスキルやテクニックを提供しても成果を出すことができません。

一つの例を出して説明しますね。

皆さんは、ダイエットで有名な「RIZAP（ライザップ）」さんをご存じでしょうか？　私は今、RIZAPさんにコーチングノウハウを提供させていただいています。RIZAPさんでは痩せるための運動や食事を教えていらっしゃいますが、そのノウハウや知識だけを教わって皆さんは確実に痩せることができるでしょうか？　たぶん、ほとんどの人が痩せません。なぜならば、教わったことを行動に移し、さらには「習慣化」させなければ成果は得られないからです。

そこで「在り方」が重要になります。どうやって習慣化させればいいのか、どういう気持ちで臨めばいいのか、といった「成功している人の目的意識や考え方、行動パターン、習慣」といった在り方をしっかり学んでいただくこと、それができて初めて結果を出すことができる。結果や成果を出すためには、その大前提が必ず必要なのです。

最初の一歩を踏み出せない理由

私のもとには毎月60～80名ぐらいの方が個別の相談に来てくださいます。起業や副業、転職など働き方についての相談がいちばん多いのですが、そのほかに人間関係やコミュニケーション、恋愛、場合によってはメンタルやお金の相談などさまざまです。

そのなかで仕事についての相談である場合、その約8割の方が「自分のやりたいことが分かりません」「自分の強みが分かりません」とおっしゃいます。

そういう方に私がまず、お伝えしていることがあります。

「あなたはやりたいことが分からないのではなく、見えていないだけではないですか?」

という質問です。

実は、皆さんは「自分が本当はどうなりたいのか」も知っているし、「どんな自分にワクワクするのか」も知っているはずなのです。なぜそれが見えなくなってしまうのか?

それには理由があります。

多くの方は幼少期からお父さんやお母さんなど、育てられた方からいろいろな教育を受けたり、その環境からさまざまな影響を受けたりしています。人は生まれてきたときには誰にでも、ピュアな自分、芯があるのですが、そこに、「こうあるべき」とか、「こうでなきゃいけない」、あるいは「自分だけが幸せになってはいけない」とか、「お金持ちになってはいけない」など、過ごしてきた環境の影響でさまざまな思い込みや制限がかかった状態になっていきます。その結果、本当の自分の願望が分からなくなってしまうのです。

そのような思考の制限状態を「サムスカーラ」といいます。タマネギの皮をイメージしていただくと分かりやすいのですが、タマネギの皮のような思考や思い込みや制限が幾重にも幾重にも覆い被さってしまっていていったい何が本当の自分なのか、なかがどんな形をしているのか分からなくなってしまっている状態のことです。

ですから、私は、まずはその方の思い込みや制限を片っ端から剥ぎ取っていきます。そうすると最後に、「高野さん！　私こんな自分に憧れていたんです」とか、「こうなりたいと小さい頃から思っていました！」という言葉＝自分のやりたいこと、が皆さんのなかから出てくるのです。

そうなったら「では、それを形にしていきましょう」と伝えます。後述しますが、私の仕事はこの皆さんの強みをマネタイズ（起業できるビジネス化）していくことです。

そもそも、「自分の強みが分からない、やりたいことが分からない」と自己暗示していると、見えるものも見えなくなってしまうものです。

私が「あなたは分かっているのですよ」と言えば、あなたの思考は自分の強みややりたいことを探し当てます。人は思ったとおりの現実しかつくることはできない性質がありますから、見つからないんじゃないか？と思い込んでいると見つかるものも見つかりません。

まずは、必ず見つかると信じてみるところから始めましょう。

思考は「積み上げ思考」ではなく「逆算思考」で

自分の強みややりたいことを考えるとき、ほとんどの方が「積み上げ思考」で考えます。

しかし、成功する人はその考え方をしません、皆さんにはぜひ「逆算思考」になってほしいのです。この「積み上げ思考」と「逆算思考」は目的達成の手法としてよく対比されますが、真の理想を叶えるための基盤となる考え方ですので、ぜひ理解してください。

例えば、キャリア相談や転職相談に行くと、たいてい「これまでの経験」を聞かれますよね。「あなたのもっている資格」や「年齢」「学歴」……と続き、最終的に「それであれば、この仕事があります」と仕事を紹介されるはずです。

これは「積み上げ思考」で仕事を選択する手法です。この方法で選んだ仕事はあなたの本当の理想とは必ずしもイコールになっていないのではないでしょうか？　経験とは関係なくやってみたいこともあるでしょう。

一方で、私の個別相談は、「逆算思考」で行います。私はその方の経験やキャリアを聞きません、年齢も聞きません。

では、まず何をお聞きするかというと、「あなたの理想の形はなんですか？」「あなたは本当はどうなりたいんですか？」という真の理想です。そのことを徹底的に掘り下げていきます。そこから「過去の出来事の印象」である思い込みや制限（サムスカーラ）を剥がしていきます。するとあっという間に「こうなりたい」という「理想の形」が明確になっていきます。この理想の願望が明確になった段階でやっと「あなたのこれまで行ってきた経験はなんですか？」「もってる資格はなんですか？　何か活かせそうなものはありますか？」ということを聞いて理想をどう実現するかを組み立てていくのです。

先にゴール設定をしてから、できることを明確にして組み立てていく。これが「逆算思考」です。先にゴール設定をするから、本当に必要なものが見えてくるのです。

これを知ると皆さんは「目からウロコです！　先にゴール設定からしていくなんて考えたこともありませんでした！」と驚かれます。

私のメソッドはすべて「逆算思考」でつくられています。理想をゴールに設定するから、夢が叶うのです。この詳細については第2章で詳しくお伝えしていきたいと思います。

逆算思考でゴールが見え、必要なものが明確になると、皆さん喜びに満ちて「分かりました！　今からすぐ始めます！」とすぐに始めようとします。でも、ちょっと待ってください！　ここでいきなりやり始めてしまうと失敗してしまうのです。ここは大事なところなのでぜひ知ってください。

すぐ始めようとする行動力はすばらしいです。ですが、私たちは24時間、寝る時間も含めて行動をしています。仕事や家事、あるいは育児や介護などをされている方もいるでしょう。間違いなくあなたも24時間頑張っています。そんなあなたが、やりたいことが見つかった！と新しいことをいきなり始めてしまうと、今までなかった大きなことを自分のスケジュールに入れることになるのですが……入るわけがないのです。

新しいチャレンジをしようとする方々は、お金や時間を使って、まずセミナーなどに参加するかもしれませんし、毎日SNSを更新したり、新たな人脈を広げたりするかもしれません。ただ、そのような新しい大きな取り組みをスケジュールに入れようと思っても時間が足りず体力を消耗することで失敗してしまい、挙句「やはり私には才能がなかった、能力がなかった」と思い込んでしまう方が、本当に多くいらっしゃいます。

これは、頑張っている方ほど陥りやすい失敗の例です。

そこで、私は皆さんに、必要だと思うものが分かったら、次にまず、いらないものを捨てる「断捨離」をおすすめしています。


不思議なことに、必要なものが明確になると、同時にいらないものも明確になってくるものです。不必要なものを徹底的にリストアップしてみてください。

私たちは幼少期から行ってきたことをすべて必要なことと錯覚している可能性があります。ぜひまずは、新しい自分に必要なもの・不要なもの、の棚卸しをしてみてください。

断捨離の際に重要なのは「これは理想の願望を叶えるために必要なのか？」という自分への問いかけです。必要なことを優先的に考え、次にいらないものを徹底的に洗い出し、いらないものを片っ端から断捨離していきます。


仕事ができる人というのは断捨離が上手です。いらないものを徹底的にそぎ落としているので新しいことや、今すぐ必要なことに対応できます。逆に、仕事ができない人は、たくさん詰め込んでいるので、大きなチャンスや、今すぐやらねばならないことが起きても対応できません。新しい自分に必要でないことは、いつも徹底的に断捨離しておくことが大切です。

そして、次に断捨離して空いたスペースへ、新たに始めていくことを入れていきます。そのとき有効なのは「習慣化のスキル」を使うことです。

私たちは普段、習慣化されているものに関してはなんの抵抗もなく行動しています。ところが、習慣化されていないものについてはどんなに簡単なものでも抵抗が働くようになっています。ということは、初めから習慣化させてしまえばいいということです。

この、やっていなかったことを習慣化させてしまう技術もコーチングでよく活用される手法です。コーチングの技術を使って、新しく入れようとしているものを細分化して断捨離した隙間にどんどん入れていく。そうすることで、行動変容が起こり結果が変わっていくのです。

この習慣化こそ、成功者が行っていることなのです。

「習慣化のスキル」、そして前述した「逆算思考」。この2つは成功の必須条件であることは明確です。ただ、もしあなたがこれらを今までまったく意識してこなかったとしても、心配しなくて大丈夫です！　相談を受ける初期段階で、この逆算思考と習慣化ができているという人に私は、ほぼお会いしたことがありません。私がレクチャーをしていくなかで「逆算思考、逆算思考」といつも言っているため、生徒さんは逆算思考が自然に身についていくようですが、実は、これも習慣化スキルの一つです。

セミナー渡り鳥を卒業できる最強メソッド

私のお教えする「稼げるコーチング起業メソッド」は少し特殊です。

このコーチング起業メソッドを使って起業・独立されたいと、毎月毎月たくさんの方が私のもとへ来られます。最短・最速での起業メソッドとしても人気があり、1カ月のうち、5日間の授業を受け、翌月からは月収100万、200万、500万と稼ぐ方もいらっしゃいます。そのまま起業・独立される方もいれば、副業として会社との両立を図っている方もいます。

また、私のところで学ぶ方は、バックボーンが多種多様なことも特徴かもしれません。今まで専業主婦しかやられたことがないという方もいれば、バリバリと働きキャリアを積んでこられた方、また、ヨガを教えられる、フラワーアレンジメントを、英語を、スピリチュアルを……と、活かしたいスキルをすでにおもちの方もいます。

私はこれまで、皆さんの「想いをカタチにする起業プロデュース」を行ってきましたが、「こういうビジネスモデルがあるのでそれをやってください」、という画一的なモデルではなく、皆さんのもっている「強み」を一人ひとり引き出しながらそれを収益化するというビジネス構築を行っています。そのため、1000人が1000通りのビジネスモデルをつくり上げて、起業・独立をされていきます。

一般的な起業スクールでは、やりたいことや強みをもっていることが前提で、「やり方を教えるので売上が最大化します」という内容が多いですが、私が教えているものは根本的に違います。

私のメソッドは、皆さんのやりがいや強みというものを一から発掘して、それをビジネスに、ブランドにしていくのが特長です。ですから、「私の強みが分かりません」「やりたいことが分かりません」という方でも、1カ月間の学びでそれを見つけ、誰でもビジネスがスタートできます。

ちなみに私がなぜ、女性起業家プロデューサーになったのかについて触れておきたいと思います。

私はニューヨークで1冊の本と出会ったと前述しましたが、当時はコーチングという言葉を知らず、10年も経ってからその本の内容がコーチングというものだと知りました。その本に書かれていることを素直に実践すると面白いくらい仕事と人生がうまく回り始め、その後、コーチングについて深く学んでいくうちに、コーチング技術は組織のなかやビジネスだけでなく、人生のあらゆる場面において、役立つということが分かりました。

さまざまな企業からプロデュースの仕事の依頼が舞い込み、イキイキと働いていたその頃、なぜか一般の女性から仕事や働き方などについての悩み相談を受ける機会が増えていきました。

相談に来る方のほとんどが、「キャリアアドバイザーや起業コンサルに相談しても、これまでの経験や、資格、年齢を聞かれてそれ相応の提案ばかりで、私の心の声を聞いてもらえない、でももっと私らしい働き方がきっとあるはず」とモヤモヤを抱えていました。

私からすれば才能があり、本当に私らしい働き方を見つけたい！という思いが溢れているのに、ただ方法が分からないだけで、人生の迷子になってしまっている方があまりに多いことに驚かされました。

「今の会社でずっと働き続けられるのか不安」「本当にやりたいことを仕事にしたい」仕事や働き方に関する相談をするそうした女性たちからは悩みを抱えているものの、心の奥底には向上心があり、幸せになりたいと願う気持ちがひしひしと伝わってきました。

そこで私は、「もっと仕事で輝きたい、起業を通じて、自由に自分らしく、豊かな人生を歩みたい女性の真の自立を応援したい」と、コーチング技術を軸に独自開発したメソッドで女性起業家プロデュースを始めることを決意しました。

すると、「子育てが一段落したので、趣味を活かして独立・開業したい」という主婦の方や「やりがいのある仕事に就けたけど、仕事が忙し過ぎてもう限界。自殺したい」と涙ながらに語るキャリアウーマン、「対人恐怖症なので、会社勤めは無理。起業して働く方法はないか」などの相談がどんどん舞い込み、一人、また一人と起業で自分の人生を見つけて輝いていく女性が増え、今では、より多くの女性にこのメソッドを紹介したいと思い、今ではスクールとしています。

それが、本書の「稼げるコーチング起業メソッド」です。

コーチングは本当の豊かさと自分らしさを手に入れる最高の武器

さて、その「稼げるコーチング起業メソッド」についてお伝えしていきます。私が開業以来、練りに練って体系化させた「自分の好きなこと×コーチング」こそ、あらゆる意味において効率的でスピーディに無理なく起業・独立ができる方法です。

まず、コーチングという言葉は聞いたことがあるけれどよく知らないという方へ、簡単に概要をご説明しましょう。

コーチングは1990年頃からアメリカを中心に広まり、2000年頃から日本でも経営者やマネージャーの研修に用いられるようになりました。個人の成長や組織の発展を後押しする活動として知られています。

コーチングの定義を私はこう考えています。「対話を通して、クライアントが目標達成に必要なスキルや知識、考え方を備えて、行動するよう応援していくこと。本当の豊かさと自分らしさを手に入れるもの」。本当に人生を変えることのできるすばらしい技術であると確信しています。

これまでに私は、全米NLP協会コーチングディビジョン認定、タイムラインセラピー協会®認定、全米NLP協会認定、NGH米国催眠士協会認定ヒプノセラピスト、ABH米国催眠療法協会認定マスターヒプノティストの資格など、コーチングに役立つひととおりのものを取得し、学び続けています。

プロの心理療法であるNLPにおいては日本で3人しかいない権威、今本忠彦先生から王道のNLPを伝授していただきました。これらの深い学びを通して、メソッドをさらに強化させています。

「好きなこと」単体で勝負するのではなく、コーチングで付加価値をつける

最近は、コロナ禍の影響もあって、自分の好きな事や趣味を活かして収入を得ようとするサロン事業や講師業が流行っています。

例えば、英語が得意なので英語の講師を始めた方がいます。その方は、始めたのはいいけれど、売上が伸びない、単価を上げられない、もうやめたほうがいいのではないか……とフェードアウトしそうになるところで相談に来られました。好きなことを仕事にしようと思っても生計が立てられなければ続けることができません。

私はそういった好きなことで講師をしている方々に別の視点をもつようにアドバイスをします。

例えば、英語を学びたいというお客様のニーズは表面的なニーズであって、実はその先にはもっと深いニーズがあります。英語を学びたいお客様というのは、英語を学んだその先に「海外の方とコミュニケーションができる自分になりたい」、さらにその先に、「世界中飛び回れるようなライフスタイルを実現したい」といった、真の願望があるはずなのです。

この英語講師の方は、英語を教えることによってお客様のニーズには応えていましたが、その先にある本当の夢を叶えるところまではしていませんでした。

そこで、この英語講師の方が英語を教えたその先にある、お客様の真の願望を叶える提案、そのサポートができたらどうでしょう？　お客様の深いニーズに入っていくことで、提供するサービス・商品価値が何倍にもなります。この場合は、好きなこと（英語）×コーチング（真の願望を叶える）をかけ合わせた、英語で夢を達成するコーチングサービス、とすることもできるでしょう。

自分の好きなことを単体でやろうとしても、ビジネスモデルとして1回数千円〜の価値を生むことしかできないことも多いです。しかし、コーチングとかけ合わせることによって付加価値が生まれ、しっかりとした利益を得ることが実現していきます。このようにお客様の真の願望を見抜くことができ、その方に寄り添ったコーチングをすることができれば、売上単価が20〜30倍、場合によっては50倍も夢ではないのです。

自分の「好きなこと」と、「コーチング」をかけ合わせて独立起業していく方法こそが、私の伝えている「稼げるコーチング起業メソッド」です。

例えば、好きで学んでいたのがヨガであれば、コーチングとかけ合わせることで「ヨガコーチ」になります。起業コンサルとコーチングをかけ合わせれば「起業コーチ」。占星術コーチ、婚活コーチ、恋愛コーチなど、その人の好きなこと、得意なことはそれぞれ。私は女性起業家を1000人以上プロデュースしてきましたが、一人ひとりに1000のストーリーがあり、1000種類の起業スタイルが誕生しています。

起業された女性たちはその後、サラリーマンをしながら私のメソッドを実践していき、早い方で翌月から半年以内に月収50万～100万円の収入を得ていきます。具体的には、3カ月から半年で月収100万円を達成、そのなかで10％くらいの方は約2カ月以内に月収100万円を達成されています。月収100万円を達成する方は、決して特別な方ではありません。

起業に限らず、営業職や紹介ビジネスの方々も売上を伸ばすためにコーチングを学んで成果を挙げている方もいらっしゃいます。

なぜ、このように最速で成功する起業ができるかというと、コーチング技術から、第5章で述べていきますが「お金を稼ぐ」ために必要なノウハウまで、すべて学べるプログラムを提供しているからです。

現在、世の中のコーチやセラピストがコンサルタントとして独立・開業をされていますが、およそ1％の方しか自立できていないのではないでしょうか。その理由は二つであると分析できます。

一つめはなんの専門家であるかが明確ではないから。必要なのはまず専門性です。まずは自分自身を知り、自身の専門性をつくり上げていくことが大切です。そしてできるだけ早く成功体験を積んでいき、専門性を磨いていくことも重要です。

もう一つは、「お金を稼ぐ」ために必要なノウハウを身につけていないから。

世の中にはすばらしいスキルや想いをもってサービスを提供されている方もたくさんいます。ですが、どんなにすばらしいサービスでも起業した以上、「お客様に購入していただく」ことがビジネスとして成立しなければ意味がありません。

テクニックややり方ではなく、成功者の「在り方」「考え方」を学ぶ

ここまでお伝えしてきたとおり、私がいちばん重要視しているのは、「成功者の在り方や考え方」です。

「えっ、スキル・テクニックややり方ではないの？」と思うかもしれませんが、在り方とは、うまくいっている人の考え方、行動パターンをそっくりそのまま自分の習慣にすること。「成功者って、どんなことしてるんだろう」ということを学び、なぜ自分はうまくいかなかったのか理解したうえで、スキル・テクニックを学んでいくことが大切です。

これまで「セミナーなどをたくさん受けてきたけれど、なかなかうまくいかない」という方はスキル・テクニックが重要だと思っているのではないでしょうか？
成功を手にするために大切なことは経験やスキルではありません。成功者の在り方、考え方、行動パターンや習慣です。表面をなぞる学びではなく、本質・根幹をおさえることのほうがよほど大切です。
今から、あなたにも成功へのステップを体感していただきます。まず第2章では目標設定を明確にすることからスタートします。

今回、私がお伝えする「稼げるコーチング起業メソッド」を実践された方は、きっと未来が開かれ、収入も、人生も変わっていくに違いありません。「自分には限りない能力がある、自分の人生は変わっていくのだ」と、信じた方は理想の未来をつくり出せます。

これから読者の方には想像もできなかったことを述べていくかもしれませんし、これまでのあなたの常識や当たり前をくつがえすかもしれません。ですが、ぜひ、他人事ではなく自分事にしながら読み進んでみてくださいね。

［第2章］

「理想の未来」を具体的な行動予定にする方法

「理想の未来」が言語化できるシートを使って課題を抽出する

目標達成をするには、妄想や願いではなく、具体的に「どんな自分になりたいのか？」「何が自分の強みなのか？」「どんな未来をつくりたいのか？」など、理想の未来を明確にしていくことが必要です。そのためには、今、何が課題になっているのかを抽出し、自分が達成したいと思っているものと自分がつくり上げたい未来像を一致させていきます。

そこで、理想の未来を明確にしていくために、私は一つの方法を開発しました。

図1と図2をご覧ください。このようなチャートを用いる図表をエゴグラムといいますが、こういったものは自己啓発指導者も使用していることが多いので何度か目にしたり、取り組んだことがある方もいらっしゃるかもしれません。自分の最高の状態を10点満点とした場合、今の自分の状態が何点であるかを特定していくもので、「感情・ワクワク度」「健康」「家族・人間関係」「経済（収入）」「経済（貯蓄）」「仕事・キャリア・自己成長」「時間（自由・有意義）」「空間・環境」「貢献・ミッション」についてそれぞれ分析してい

［図1］あなたの現在の状態は？

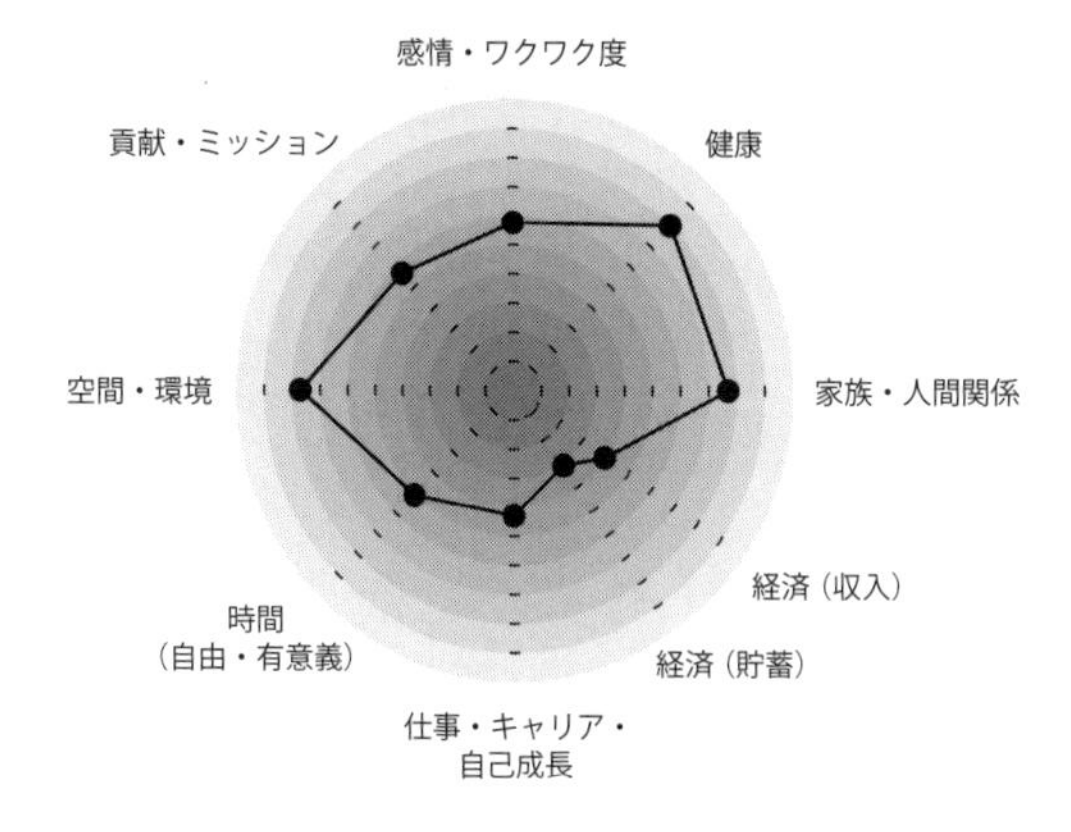

［図2］あなたの理想の未来は？

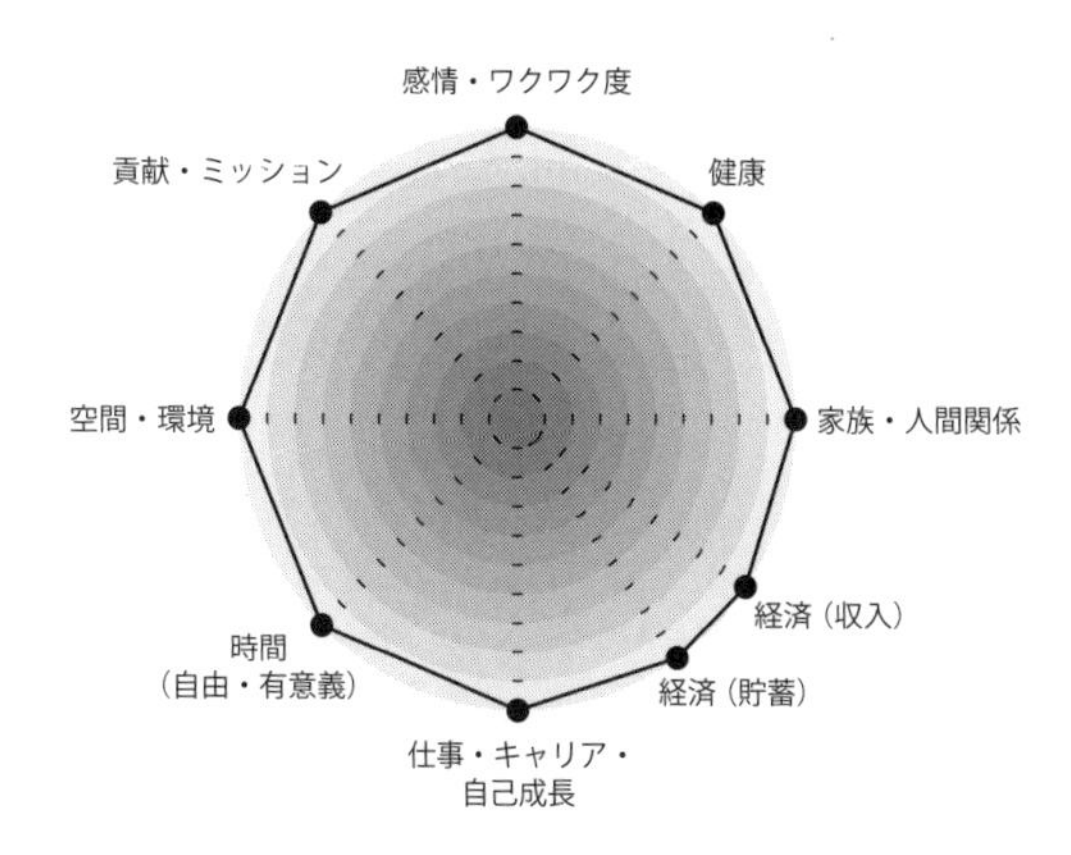

きます。

45ページの図をご覧ください。私はこれを「プライオリティ・バランスシート」と呼んでいます。私が考える幸せのバランスです。

プライオリティ・バランスシートは、前述した「逆算思考」でとらえていきます。このシートを用いると三つのことが明確になります。自分の現在地、理想の未来、そして理想を叶えるためには今から何をやるべきであるか?という最初に取り組むべき課題です。

人の幸せにはバランスが必要です。例えば何か一つだけすばらしい状態であっても、同時にどこか一つが欠けていたら幸せとは思えなくなってしまいます。

例えばお金がものすごくあっても、健康でなかったらどうでしょうか？　仕事がものすごくうまくいっていても、人間関係がギクシャクしていたらどうでしょうか？　理想の状態です！とはなりませんよね。

幸せの状態とはバランスが重要なのです。

はたして、皆さんはこのことが重要だと分かっていても、普段バランスを考えて生活しているでしょうか？　課題を健康だけ、お金だけ、などと断片的にとらえると、必ず歪みとしわ寄せができて根本的な解決にはなりません。このシートを用いると、多くの課題のなかから、今、最初に取り組むべきことが見えてきます。


例えばお金が足りないから副業を始めたとします。そうすることで経済の点数は少し上がるかもしれません。しかし、その分、時間がなくなり、時間の点数が下がってしまいます。今度は時間をつくろうとして、朝2時間早く起きることにします。そうすると時間の点数が上がるのですが、今度は寝不足で仕事がはかどらなくなったり、病気がちになって病院に通うことになったり……そうするとまた時間とお金が下がってしまいます。

つまり、幸せにはバランスが重要と知りつつ、断片的に課題を解決しようとすると、いつも何かに追われ、どんなに頑張っても全体の幸せ満足度はいつまでたっても改善されないということです。

だからこそ、私たちは問題の根幹がどこにあるのかを突き止め、根本解決に向けて行動する必要があります。そうすることができなければいつまでたっても現状を変えることはできないことになります。

このプライオリティ・バランスシートは、問題の根幹を特定するのに、とても有効です。

実はこのようなバランスシート（エゴグラム）は多くの自己啓発指導者もよく使うものなので、あなたもどこかで見たり、取り組んだりしたことがあるかもしれません。

しかし、その多くは現在地とその目標が達成されたらどうなるか？のシミュレーションに使われることが多いです。

しかし、私がしているとらえ方は、まったく異なります。現在地を知るところまでは一緒ですが、その後に理想の状態、つまりオール10点満点の状態を特定し、その10点満点を叶えるためにはどのような方法があるのか？　それを叶えている人は誰なのか？　それはどうしたら叶うのか？を導き出すために使います。

そうすると、あなたが今、本当に取り組むべき真の課題が見え、なぜこれまで頑張っても頑張っても一向に理想が叶わなかったのかの理由までもが明確に炙り出されます。理想の未来を特定するから、現在地からの道のりが見える。まさに逆算思考のとらえ方です。

あなたの願望はハリボテではありませんか?

「日本の女性を元気にするビジネスを立ち上げるのが夢です。相談にのってください!」と意気揚々と話す女性から相談を受けたことがあります。「すてきなビジネスモデルですね。ちなみにそれなら半年あれば十分に実現できますが、それを実現した先にあなたは何をしたいのですか?」と尋ねてみました。

すると「そうなんですか? すごい! その後どうしよう? そうしたら将来はハワイで悠々自適な暮らしがしたいです」という答えが返ってきました。私はすかさず、「それなら、なぜ最初からハワイでやらないのですか? 日本でやらなければならない理由があるのですか?」と返したところ、少し黙り込んでしまいました。

この方の真の願望は「ハワイでの悠々自適な生活」であって、「女性を元気にするビジネスでの起業」は真の願望ではなくハリボテだったということが分かりました。

ここで私たちの思考パターンの大きな問題点を認識しておきましょう。世の中の99％の人はこれまでの経験やキャリアから自分のできそうなことを「願望」に設定してしまいがちです。これを前述した「積み上げ思考」といいます。今までやってきたこと、できそうなことの先にゴール設定をする思考パターンです。これでは成功に至りません。

まずは、これまでの経験や経済状況、思い込み、才能などを全部取り払って、素直な気持ちで「本当はどうなりたいのか？」を考えてみてください。これを実現するためにとっていく行動が「逆算思考」の成功パターンです。

図3をご覧ください。これは私がクライアントと会話をするときに、必ず頭に描く構図です。

この人の現在地はどこだろう？　理想はどうなりたいのだろう？　なぜそれを達成したいのだろう？　真の課題はなんだろう？　どんな目標（課題解決）が効果的だろう？

仮にあなたの月収が今、20万円だったとしましょう。「そのやり方で月収５００万円を

［図３］現在地と理想の未来

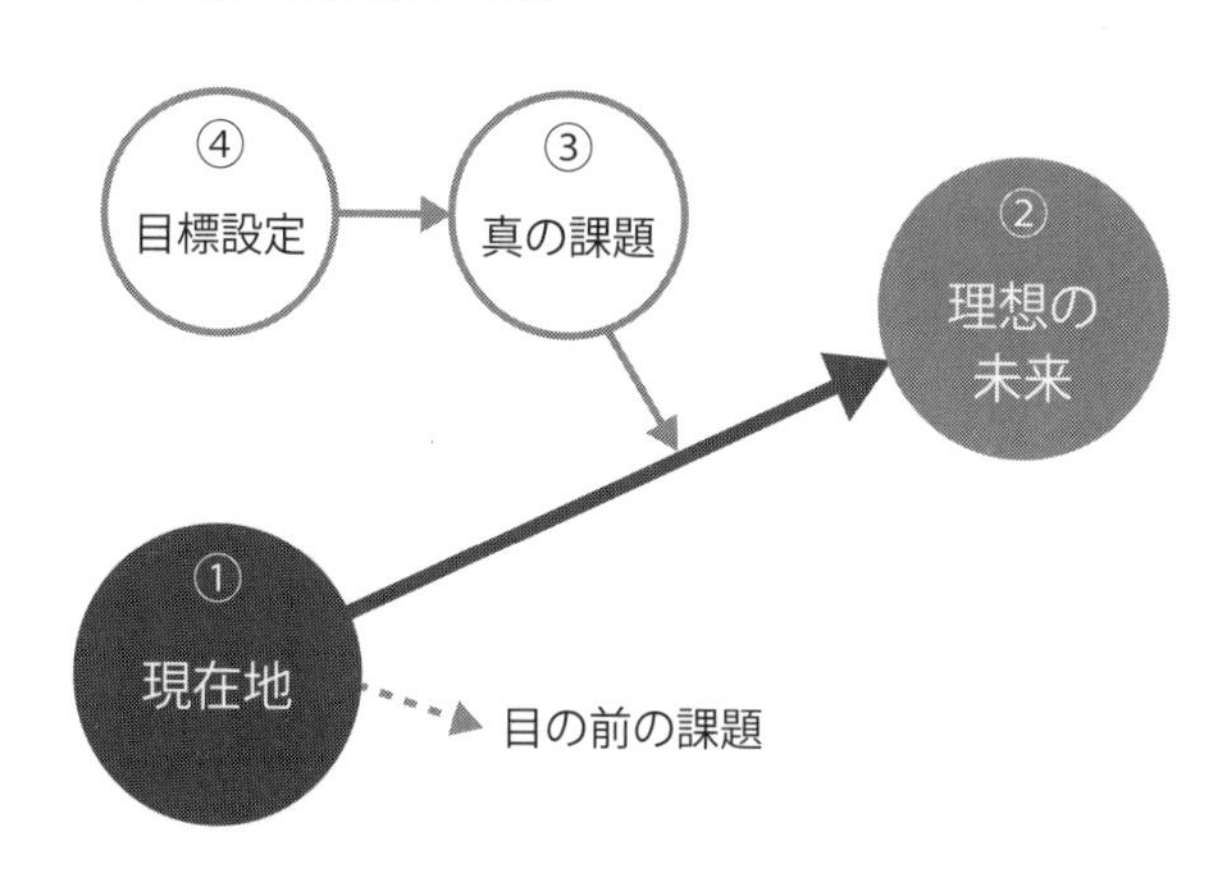

稼ぎ出す方法はありますか？」と聞かれたら、あなたは「どうしたらいいんだろう？」と頭を抱えこむでしょう。

そもそも、月収20万円と５００万円の稼ぎ方は根本的に違うのです。あなたはジーパンとＴシャツ、サンダルで富士山に登ろうとはしませんよね？　それと一緒で、登りたい山によってそもそも道具も計画もまったく違います。それを軽装で富士山に臨もうとしたり、理想は富士山だけど、まずは手前の山から登ろうとするから途方もなく思えてしまうのです。月収５００万円の稼ぎ方、富士山の登り方、まずはそういった理想の未来をとらえましょう。それを叶えるための行動をすることで理想が実現します。

さて、「現在地」と「理想の未来」を描けましたでしょうか？　私は起業相談を受ける際、いつもこの二つをまずお聞きします。

初めに現在地を把握するのがとても重要です。例えば、目の前の方がお金がないと言ったとしましょう。それが、多くの借金を抱えているレベルなのか？　貯金はあまりないと言っているのか？　はたまた貯金は３０００万円あるけど、お金がないと言っているのか？　最初に認識合わせをしないと会話の根底が崩れてしまいます。

次に理想の未来を特定しますが、ここでも気をつけてください。相談に来られるほとんどの方が理想の未来ではなく、目の前の課題に向き合っているだけになってしまっている場合も多いのです。また、「お金持ちになりたい」というのも理想の未来ではありません。「時間が欲しい」も同様です。

また、「上司とうまくいく会社に転職したい」といったことを理想の未来に掲げる人がいますが、これもただ単に、現在地にある課題の一つに過ぎません。このような相談者はたとえ転職して課題が解決したかのように思えても、また新しい職場の上司とうまくいかない可能性もあります。なぜならば、目の前の課題は変わっても、この方の内側にある真の課題が解決していなかったとしたら、何も変わっていないのと同じだからです。

あなたが起業へ向けたコーチングを受け、コーチと理想の未来を探していく際、目の前の課題解決に躍起になっているとしたら、そのコーチはプロとはいえません。

私の場合、相談者が「お金がなくて……」「時間がなくて……」「上司とうまくいかなくて……」と話し出しても、その課題は横においといて「それで、あなたは結局どうなりたいのですか？」と聞いていきます。

理想の未来や夢は、もっと大胆なことです。

人生を変えようとしているのなら、本当に向き合わねばならないのは理想の未来、そしてそれを達成するための真の課題です。そうでないと結局、目の前の課題を解決しただけでストレスがなくなり、「今のままでもいいか」ということになってしまいます。

「プライオリティ・バランスシート」を実践してみよう

1. まず「現在地」を特定します。10点中、今のあなたの状態は何点でしょうか？　自己評価なので正解はありません、エゴグラムの円がどんな形になっても、デコボコの現在地になる方がほとんどですので安心してください。
2. 次に「理想の未来」を考えていきます。それぞれの項目であなたが10点満点になるのはどういう状態でしょうか？

今の状態の反省ではなく、理想の状態を思いっきり描いていきます。

例えば、このようなイメージです。

◆**健康**……病気も怪我もなく、美容も完璧なら最高。週2回エステに行けて、月1回は温泉旅行でリラックス。そんなことができていたら10点満点！

◆**家族・人間関係**……大好きで安心できるパートナーがいて、ちょっとしたことを相談でき信頼する友人に囲まれている状態なら10点！

◆**経済（収入）**……月に100万円収入があったら最高。10点！

◆**経済（貯蓄）**……将来や老後も考えて、1億円あれば10点。

◆**仕事・キャリア・自己成長**……自分らしい、時間も場所も選ばない仕事。昔の私のようにキャリアとプライベートに悩む20代後半女性の人生を導くような仕事で喜ばれたら最高。その仕事で成長が実感できていたら最高、そうなったら10点！

◆**時間（自由・有意義）**……決まった時間に通勤するのではなくて、自分のペースで朝2時間と午後2時間だけ仕事をして、ランチや夜の時間を好きに過ごす。月に1回は旅行に行けるような時間の使い方ができていたら、最高！

◆**空間・環境**……海や自然が感じられるような場所の広い間取りの家に住みながら、すてきなカフェやホテルへも気軽に行ける環境なら最高、10点！

◆**貢献・ミッション**……自分の想いを伝えることで、クライアントさんはもちろん、家族や地域の人が自信をもって夢を実現していつも笑顔になれる状態であれば、最高！

◆**感情・ワクワク度**……以上のすべてが叶っていたら、毎朝が最高の気分になりそう！10点満点！

これらはあくまで一例です。さあ、あなたの理想である10点満点の未来は、描けましたでしょうか？　その未来にワクワクできていますでしょうか？

その未来があなたの理想の状態です。その状態を目指すために、今から取り組むべきことを考えてみましょう。その未来を叶える働き方とはどんなものか？　それはどうしたら叶うのか？　私がどうなれば叶うのか？　どこから取り組むと良いのか？

まさにそれが、今あなたが目指すべき方向なのではないでしょうか？

これが逆算志向の捉え方なのです。理想の未来を想定することで、そこから逆算してやるべきことを考えることができるため、モチベーションも上がりますし、進む道が定まったら、努力もしやすくなるはずです。

部長に昇進できれば10点満点のはずが、なぜか不安に

「なんとか次期部長に昇進したいです。どうしたらいいでしょうか？」

相談に来たF子さんの実例を紹介します。

カウンセリングのなかで、F子さんにプライオリティ・バランスシートに臨んでもらい、部長になることであなたのプライオリティ・バランスはどうなりますか？と点数をうか

がっていきました。

「部長になれば会社への貢献度が高くなりますし、時間にも余裕ができるので家族や子どもと過ごす時間も増え、思い出もたくさんつくれます。豊かになれば両親にもいろいろプレゼントもできます!」

「それはすばらしい未来ですね! ところでF子さん、あなただったらオール10点満点になるはずですが、1個6点の箇所がありますね、健康の部分。これはどうしましたか?」

ここで私たちが行動するメカニズムを解説します。私たちが行動する理由というのは、実はたった二つです。「痛みを避けたいのか?」「快楽を得たいのか?」、このどちらかです。「痛みと快楽の法則」とは、フロイトの心理学を活用しています。人間は常に「痛み(苦痛)」を避け、「快楽」を求めるという考え方です。

そして重要なのは、快楽を得るための行動よりも痛みを避けたいという行動のほうが、エネルギーがとても強いということです。

F子さんは「部長になりたい」という自分の理想（快楽）がイメージできても、もし部長になったら「ストレスで身体を壊してしまうかもしれない」という不安（痛み）が生じている状態でした。この心の状態だと、部長になってしまうと痛みを感じる恐怖が邪魔をして、F子さんはどこかで「部長はなってはいけない」と思っているので、どんなに頑張っても前に進むことができないのです。人間の行動は私たちが思っているほど複雑なものではないといわれていますが、この「心のブレーキ」をはずしていかなければ、行動に移すことができず幸せになるのは難しいでしょう。

コーチングとは前へ進めない人の心のブレーキをはずすこと

コーチングは、頑張っている人の背中をさらに頑張れるように押す仕事だと考えている人はとても多いです。確かにそれも重要なのですが、それよりもっと重要なことがあります。これまでお伝えしてきたことからもお分かりいただけるかもしれませんが、コーチングとはその方の恐怖や不安を特定して、結果が得られない要因を探し、例えばその不安や恐怖を取り除いていく技術なのです。プライオリティ・バランスシートでは、理想の未来を描いたとき、「これは自分には無理かもしれない」「そんなことをやったら人になんて言われるか分からないから怖い」というような不安や怖さ（心のブレーキ）を特定することも可能です。そういった意味でもこのシートはとても画期的です。

心のブレーキについて、分かりやすく、車にたとえて説明してみます。車の運転では、ブレーキを踏んでいたら、いくらアクセルを踏んでも前へ進みません。自分がこうなりたい！とアクセル全開で進もうとしても、心にブレーキがあると行動ができないのです。

人間は実にたくさんのブレーキをもっています。この心のブレーキを知らないと人は「私には才能がない。私は意志が弱い。私は根性が足りない」などと思い込んでしまい、挫けてしまう人も多いのですが、才能がないわけでも、意志が弱いわけでも、根性がないわけでもありません。

原因は自分では気づかずに踏んでいる思考のブレーキであることがほとんどで、プロのコーチはこの心のブレーキ、つまり行動できない理由を特定し、この意識を書き換えることで、行動しやすくするのです。あなたがもしこれまで頑張ってきたけれど、なかなか成果が出ないことがあるならば、心のブレーキが原因かもしれません。ブレーキをはずすことで、アクセルが正常に働き、今までよりずっと少ない努力で目標達成ができるようになるのです。

2年間はずれなかった心のブレーキが一瞬ではずれた例

心のブレーキをはずすことはプロのコーチの重要な役目です。ただ、なかなかブレーキが強くてはずれない方もなかにはいます。

G子さんは、私の「稼げるコーチング起業メソッド」を学んでから2年経っても、契約が一件も取れずに悩んでいました。努力をしているがなかなか解決策が見つからない、と相談を受け、じっくり話をすることにしました。

G子さんのコーチング技術やトーク技術はまったく問題がなく、むしろすばらしく上手です。それなのに契約が一件も取れずにいたら、それは悩んでしまうのも当然と思い、そこで私は一つの質問をしました。

「もし、契約が取れたら何が起こるの？」

すると、G子さんは「実は主人に内緒で高野さんのコーチングを習っていたんです。稼げるようになって、家庭をもっと豊かにしたいと思って始めたものですが、主人にはまだこのことを言えていません。なぜなら、私はこれまでいくつものセミナーにたくさんのお金と時間を注ぎ込んできましたが、どれとして形になりませんでした。だから、もうセミナーに行くことは禁止！と主人に言われ、もう終わりにすると約束していたんです。しかし高野さんとの出会いでどうしてもコーチングにチャレンジしたくなってしまいました。きっと主人はまたそんなのにいくら支払ったんだ！と怒るのが分かってるので……」と答えてくれました。

私は続けて、「本当にご主人は反対するでしょうか？」と質問をしました。

「きっと反対します。なので、契約が一件でも取れたときに、私コーチングをしていたの、家族のために頑張っていたの、と言おうと思っていました」

「その真剣な思いを伝えたら、きっと旦那さんは分かってくれる気がします。今、ここでご主人に電話をかけてみましょうか」

G子さんはたじろぎました。が、意を決したように恐る恐る電話をかけました。

「実は私、起業コーチングを勉強していたの。家計を支えようと思って。でも、私が起業したいなんて言ったらあなた心配するだろうから、ずっと黙っていたの。ごめんなさい」

私は少し離れたところにいて見守っていたのですが、G子さんは電話をしながらその後、突然泣き崩れました。その後もわんわんむせび泣いています。電話を切ったところで、私は彼女に近づき落ちついていただいてから、何が起こったのかを尋ねました。

「主人が、コーチングをいいじゃないか、と言ってくれました。実は今、主人の会社でも仕事にコーチングを取り入れていく話があるようで、自分も学びたいと思っていたらしいのです。私のことも応援してくれて、一緒に学びたいと言ってくれました！」

ご主人の理解を得られたことで、私は彼女と大喜びしました。そして、喜びはこれだけでは終わりませんでした。

翌日、彼女は初めて一件のコーチング契約を獲得したのです！

G子さんは「契約が取れたら主人に怒られてしまう」という心のブレーキをはずすことで、コーチングビジネスで成功する、という自分の夢に向かって進むことができました。

私たちが成功したいといってもなかなかうまくいかない原因は、自分では気づかないところで心のブレーキがかかっているから、ということが大きいのかもしれません。

［第3章］

「月収20万円の私」から「月収100万円の私」へ

「月収20万円の私」と「月収100万円の私」どちらが私らしい？

さて、成功して理想の未来を叶えるために、もう一つとても大事なことがあります。それは「セルフイメージ」を書き換える、というプロセスです。

もしかしたらあなたも、いろいろな心理学や自己啓発の本やセミナーで「セルフイメージが大切」と知り、勉強してこられたかもしれません。セルフイメージについて学ばれたあと、結果はどうなりましたか？

もしも思うような結果が得られていないとしたら、セルフイメージについてもう一度ここで理解し納得した状態で取り組んでみてください。とても大事なことですので、今から丁寧にお伝えしていきます。

セルフイメージとは、自分が思い描く自分自身の評価です。これが自分らしい、という無意識に自分が抱いている自分像を指します。

前の章でもお伝えしていますが、私たち人間は、自分の思うとおりの現実をつくっています。セルフイメージどおりに自分をつくり、セルフイメージがまた現実をつくっているのです。

理想の自分に変わりたい、と望むのであれば「新しい自分になる」と覚悟し、セルフイメージを書き換えていきましょう。


セルフイメージについて具体的な例を出して解説しますね。

月収20万円の人は、「20万円の現実が私らしい」というセルフイメージをもっています。一方で、月収100万円の人は、「月収100万円が私らしい」というセルフイメージをもっています。

月収20万円の人に「月収100万円になったらどうですか?」と尋ねると、「月収100万円なんて……私には無理です！　とんでもない！」とよく言われます。ちなみに月収20万円の人が頑張っていないのか?と考えてみると、そんなことはありません。月収20万円の人も100万円の人も、努力し働いているという点では同じです。


しかしなぜ結果が違うのでしょう?　その理由はセルフイメージにあります。月収20万円の人は月収20万円の現実が自分らしい、と思っているのでそのセルフイメージどおりの現実をつくるために努力しています。一方で月収100万円のセルフイメージをもった人は、月収100万円が自分らしいと思っているので、月収100万円の現実をつくるために努力しています。つまり努力する前提が違っているのです。あなたがもし、これまでにたくさんお金と時間を使って、何かを達成しようと努力してきたのに、それが叶わない経験があったとすれば、それはあなたの能力や才能の問題ではなく、過去のあなたのままだったからです。セルフイメージを書き換えずにどんなに努力を重ねても、現実は変わらないということなのです。

それではこのセルフイメージはどうやって書き換えていけばいいのでしょうか？

カラーバス効果

セルフイメージをつくる一つの要素として有効なのは「カラーバス効果」という心理学を用いることです。

カラーバス効果とは、ある一つのことを意識することで、それに関する情報が無意識に自分の目にとまるようになったり、集まるようになったりする現象をいいます。

今から5秒間だけ、皆さんにゲームをしていただきましょう。今から5秒間、部屋の中を見渡して赤い物がいくつあるか数えてください。

5・4・3・2・1、さて、赤い物はいくつ数えられましたか？　それでは、質問します。「今部屋の中に、黄色い物はいくつありましたか？」……どうでしょうか？

ほとんどの方は黄色い物が目に入っていなかったのではないでしょうか？　これは体感していただいたとおり、実際に人間に起こる現象です。つまり、私たちは常に視野を広げてさまざまなもの、全体を見ているようで、実際に認識できているものは、自分に重要な情報だけなのです。その重要な情報とは、まさにあなたのセルフイメージを現実のものにするための情報です。

人が五感から読み取る情報量は1秒間に200万ビットといわれています。しかし、実際に人が1秒間に認識できるのはわずか100ビット程度といわれています。つまり、200万分の1の情報だけを認識し、他の多くの情報は受け流している、自分にとって都合の良い情報だけしか受け取れていないということです。

セルフイメージの話に戻りますが、先の「月収20万円の私」は「月収100万円の私」でいる情報を受け取ることは難しいので「月収100万円の私になる」と決めた瞬間、そのための情報が目に入り、受け取ることで現実は変わっていくのです。

このことを逆の視点でお伝えすると、「月収20万円の私」が月収100万円という結果をつくり出してしまったら、自分が思っている現実と乖離が起きてしまいます。人は無意識のなかではこれを失敗としています。

つまり、頭では20万円の私が100万円を達成することは大成功だと思っていますが、実際の現実をつくり出しているのがあなたの無意識だとすると、その無意識は「私は20万円」だと思っていたら20万円以外の現実をつくってはダメなのです。

よくあるのが、セルフイメージが「私は月収20万円」である方へ、「100万円の稼ぎ方を教えますよ！」というと「そんなことできるわけないです」とか「失敗したらどうするの」「それって、詐欺なんじゃないの」という話になってしまうこと。実際に月収100

万円を稼いでいる方は世の中にたくさんいるのに「月収100万円の私」を自分に寄せ付けないように無意識が働いてしまうのです。

そのため、私はまず、セルフイメージを徹底的に書き換えるところから始めます。そうするからこそ、皆さんの現実が変わっていくのです。

「私は月収100万円の起業家になる」と決断し、そのセルフイメージをつくる努力があなたの思いどおりの未来をつくり上げていきます。今までは、起業なんて自分には遠い世界とか、自分の周りに起業家なんていないし、と思っていた人も、どうしたら起業で成功できるか?と思考が変わっていくため「そういえば、お友だちのお姉さんが起業家だった」とか、「あの人も起業すると言っていた」とか、「起業家の集まるコミュニティに入ればいいのかな」など、自分のセルフイメージに沿って次から次へと起業家にまつわる情報が入ってきて、起業家になれる可能性をイメージできるようになっていくのです。

セルフイメージはその人の人生に大きな影響を与えます。ポジティブなセルフイメージをしっかり描け、納得できた人からどんどん成功していきます。皆さんの人生はセルフイメージを上手にコントロールできるようになることで、思いどおりになるのです。

憧れの人になりきって、セルフイメージを定着させる

よく、巷では「セルフイメージを高めることで、なりたい自分になれる」と教えている方や書籍を見かけます。確かにそれも可能でしょう。ただ、それでは時間がかかってしまいます。例えば、20万円の私のセルフイメージが40万円になったら40万円の現実をつくり、60万円になったら60万円の現実をつくり、80万円になると80万円の……、これではいつになったらあなたが本当に望む自分になれるのでしょうか？　つまり、１００万円の自分になりたければ、初めから１００万円のセルフイメージを手に入れる必要があるのです。そのために、私がこれまで何度も試して効果を確信している画期的な方法があります。それは理想のセルフイメージを自分に定着させるために「憧れの人になりきって生活する」という方法です。これはかなりの即効性があり、かつ、逆算思考の理にかなっています。

今、あなたが憧れる理想の人はいますか？

例えば……ココ・シャネル。彼女は生涯自分らしくいること、自分の良いと思うスタイルを誰がなんと言っても貫き通し、すばらしいファッション文化、服やアクセサリーなどを生み出しました。女性としても多くの男性を虜にしていたようですね。晩年になってもやりたいことを自分らしくやる、という姿勢を崩すことなく、世界中の女性に影響を与えました。

少し自分にはレベルが高いかな、と思ってもまず、その人になりきってみるのです。その人、もしくはその生まれ変わりだと思い込んで、役者になったつもりでその人を演じきってみてください。

ただ、ココ・シャネルは、毎晩21時には就寝していたとか、日曜休みなんていらない、などと言っているので、細かいことは無理しない範囲でもちろんいいです（笑）。行動パターンや発言、考え方など、自分が憧れのその人だったらどうするかと意識していくことは、セルフイメージを短期間で習慣化させていくのにとても効果的で、おすすめです。

ココ・シャネルになりきることだとイメージがしにくい方は、「月収１００万円の私だったらどうするか？」という思考をインストールするほうがイメージしやすいでしょうか。

例えば、「月収１００万円の私だったら」広い家に住んで掃除は外注にお任せすることも選択できそうです。仕事でも細かい事務仕事はアルバイトにすべて任せられたりもできるでしょう。「月収１００万円の私だったら」と常に思っていることで日常のあらゆる選択基準が変わっていきます。これを習慣化していけばセルフイメージは自然に書き換わってくるのです。

ついでによくあるセルフイメージが書き換わらないパターンが、〝支出を増やさずに収入だけを増やそう〟という考えです。節約が悪いわけではありませんが、例えば節約のために外食は控えて、家で夕飯を作る、という思考を一つとっても、自分が働くコストを「０円」に設定してしまっています。例えば、時給10万円の方が食材費３０００円で料理をしたとしましょう。この方の出費は３０００円でしょうか？ 違います。買い出しに行って料理を作って、片付けに要した2時間、つまり人件費20万円が加わります。それであれば外食や宅配を頼んだほうがよほど安くなるわけです。自分の時給を「０円」換算しているのも実はセルフイメージです。例えばあなたの時給を2万円で考えてみてください。

すべての行動パターン、選択が変わるはずです。

繰り返しになりますが、セルフイメージを変えていかなければ、自分の変化は起きません。セルフイメージの書き換えは、プロのコーチに関わってもらうことが最も有効ではありますが、ご自身でも書き換えられます。

あなたが「変われない」「結果が出ない」と思っているのは、育ててくれたご両親や環境のせいでもなければ、努力が足りないのでもありません。セルフイメージを書き換える決断をしていないだけなのです。

日本人がよく意識しているセルフイメージにこういうものがあります。

「周りより先に、自分だけ幸せになってはいけない」「私だけわがままを言ってはいけない」「みんな我慢しているんだから、私も我慢しなきゃいけない」

本当にそうでしょうか？　これは原理原則ではなく、私たちが勝手につくり上げてしまった負の解釈に過ぎません。

なぜなら、まず自分自身が幸せになることを許していかないと、周りを幸せになどできないからです。

これは心理学でいうところの「シャンパンタワーの原理」と同じで、シャンパングラスをタワーのように積み上げ、いちばん上のグラスからシャンパンを注ぎ、シャンパンがグラスから溢れ、次の段のグラスが満たされていき、また溢れ、そうして下のグラスまで流れる様子のことをいいます。いちばん上が満たされるから全体が満たされるという考え方です。自分の喉がカラカラに渇いていたら、周りを満たすことなどできません。

自分が源なのです。

あなたがつくり出している世界というのは、あなたが選択した結果です。それを意識することで、自分を変えていけます。セルフイメージを高め自分が幸せになっていいのだ、と許可をしてあげることさえできれば、あなたも、そしてあなたの大切な周りの人たちも幸せになっていきます。さぁ、あなたが幸せを選択してはいけない理由がありますか？

そう、あとは、あなたが幸せになる決断をするだけなのです。

過去の行動パターンを壊し、新しい行動を受け入れて現実を変える

さて、ここまで読み進めるなかで、私たちの無意識が実は現実をつくっていて、セルフイメージを変えていかないと現実が変わらないことはご理解いただけたでしょうか。

一方で、なぜセルフイメージは簡単に書き換えることができないのでしょう？　それは人間の意識のメカニズムが関係しています。図4をご覧ください。

私たちの意識というのは、頭で認識できている顕在意識（有意識）と、認識できない潜在意識（無意識）からなっています。

それぞれの意識が私たちの行動をつくり出しています。しかし、この図に示すように、私たちは頭で認識する顕在意識で行動しているよりも、無意識に行動しているほうが明らかに多いことがお分かりいただけると思います。

頭で考えた顕在意識で行動しているものはわずか氷山の一角で、ほとんどが過去の習慣や、これまでの意識に引っ張られて無意識に行っているということです。ということは、

［図４］「顕在意識」と「潜在意識」

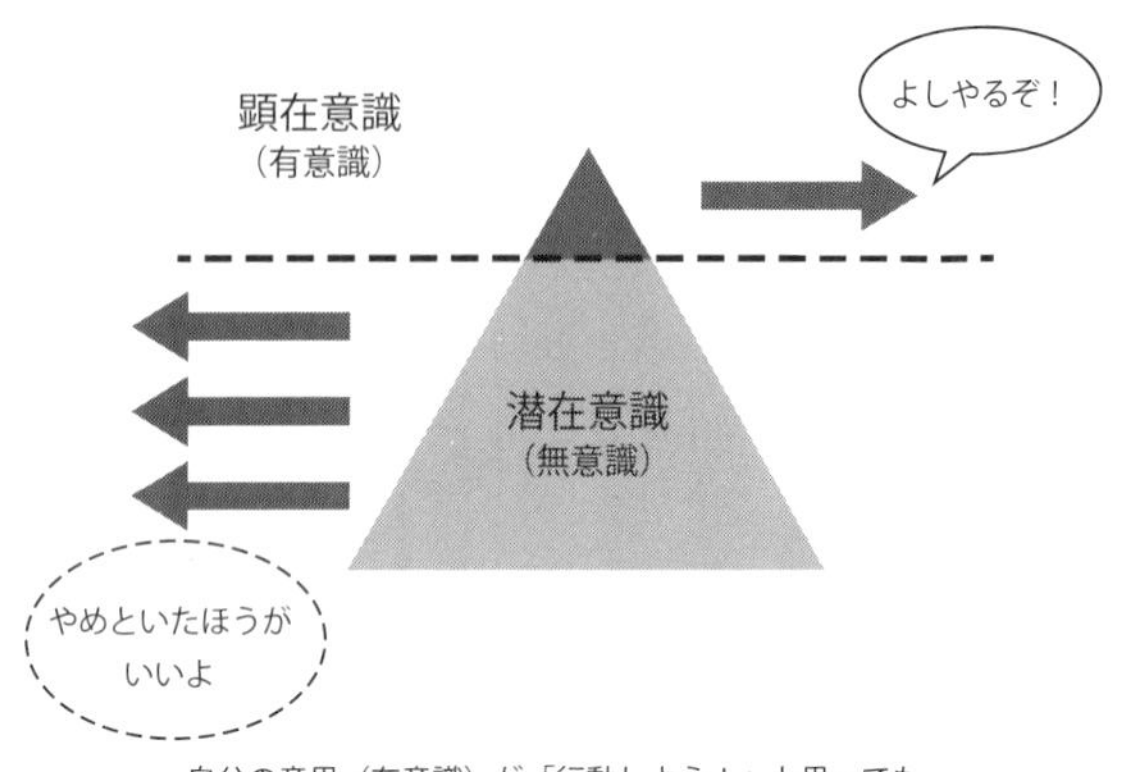

自分の意思（有意識）が「行動しよう！」と思っても、
過去の経験で積み上げられた信念（無意識）が「どうせできない」と抵抗する

その潜在意識（無意識）の自分を書き換えない限り、ほとんどの行動が私たちの頭で考えた意思や決意とは違う行動をとっているわけです。それは思いどおりにはいきませんよね。

しかも厄介なことに、この潜在意識というのは変化を嫌います。

経験がないことに取り組んだり、変化をすることで、予測できない悪い状況になることを避けるため、大事をとって余計なことをしないように制御しているのです。

そのため、私たちが何か非日常のことに取り組もうとすると、必ずブレーキが働くようになっています。あなたも、新しいことを始めようと思ったら、失敗したらどうしようとか、誰かに笑われるんじゃないかなど、不安に襲われることはありませんか？　これがまさに自動反応で起きる心のブレーキです。まるで振り子の原理のように大きなチャレンジをしようとすればするほど、それよりも大きな不安や恐怖が襲ってくるようになっています。これをホメオスタシスといいます。

つまり、新しいことを始めたりするときに起こる感情はあなたが臆病なのではなく、自動反応だと思ってください。これは誰にでも起こります。心だけではなく生物学的にも体温が上がれば汗をかき、身体を冷やし、寒くなれば身体を震わせて体温を上げようとする。これもまさにホメオスタシスの機能です。ですから、セルフイメージを書き換えようと思ったときに「本当にできるのかな？」「そんなことして大丈夫なのかな？」という感情に襲われても問題はありません。むしろ不安に思うほうが自然であり、その不安はあなたが変わろうとしている証です。そんなときは過去の自分にありがとうを言って、新しい自分になることを歓迎してあげてください。

［第4章］

自分らしさ＝自分軸を知るための「7つの質問」

揺るぎなく理想の未来を実現させるための「自分軸」

自分の理想を実現しやすい人には特徴があります。その特徴とは「自分軸」と「理想の未来」がつながっている人です。少し分かりにくいでしょうか？

自分の理想を叶えるには、第2章で行った「本当の理想は何か」を描き、ゴールに設定することがまず重要です。ただし理想の未来を描いたあと、「こんなことをして何になるんだろう？」「この先自分はどうなるのだろう？」「もしかしたら間違っているのではないだろうか？」と自分にその夢や理想が本当に合っているのか？　もしかしたらもっと違うところに理想があるのでは？などと思ってしまう可能性はないでしょうか？　そんな不安は先に解消してしまいましょう。ブレない自分でいるためには、「自分軸」をしっかり認識しておくことが大事です。

図5は理想の人生を叶えるために必要な7つのステップを図にしたものです。目標設定も行動もすべて大事ですが、見てのとおり、すべての土台は「自分軸」、つまり自分について理解を深め、知ることが大事になり、自己実現は自分軸を明確にするところから始ま

［図５］理想の人生に近づく７ステップ

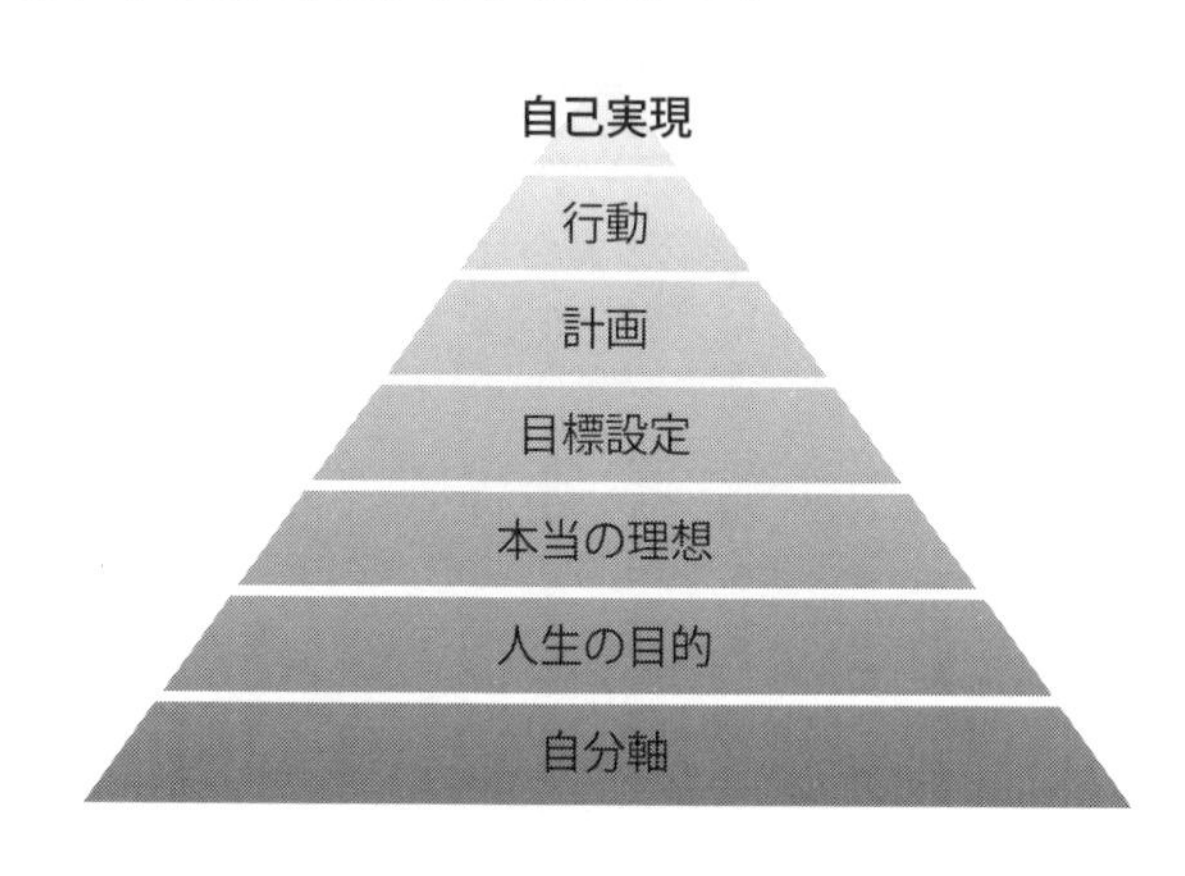

ります。

「自分軸」を見つける7つの質問

あなたは、どんな「自分軸」をもっているでしょうか？　自分のことは分かっているようで、自覚がないことがたくさんあります。幼少期の環境が影響していることもあれば、これまでの人間関係、出来事、成功体験などに影響を受けながら、あなたは自分の軸を形成しています。

あらためて自分と向き合い、自分を掘り下げていくと意外な発見……強みや好み、トラウマ、他の人よりも鍛えられている感性、個性などが見えてきます。

それではノートとペンを用意して、この7つの質問に答えていきながら、自分と向き合って自分の軸を発見していきましょう（本書に書き込めるように、メモを用意しました）。

自分の過去にはたくさんの出来事があり、喜びもあれば悲しかったこと、つらかったこともあるでしょう。さまざまな感情が湧くワークにもなりますが、ここはぜひ丁寧に取り組んでみてください。自分自身と向き合うことで課題が見つかったならば、心の制限を取り除くチャンスです。

「自分軸」を見つける７つの質問

質問１
両親やあなたを育ててくれた人にされて、悲しかった、嫌だった出来事はなんですか？
また、その出来事を通してあなたはどんな気持ちになりましたか？

質問２
今までの人生において悲しかった、嫌だった出来事はなんですか？
また、それはなぜですか？

質問３
子どもの頃、最もうれしかった思い出はなんですか？

質問４
子どもの頃、誰にどんなことを褒められましたか？
またそのとき、あなたはどんな気持ちでしたか？

質問５
あなたが人生のスポットライトを浴びていた時期はいつですか？
また、なぜその時期のあなたは輝いていたのでしょう？
そのときのあなたはどんな人でしたか？

質問６
今までの人生を人生グラフに書き起こしてみましょう。

質問７
あなたの尊敬する人を３人、書き出してください。
それぞれの人のどこに憧れや魅力を感じていますか？
共通点はありますか？

質問1

両親やあなたを育ててくれた人にされて、悲しかった、嫌だった出来事はなんですか？
また、その出来事を通してあなたはどんな気持ちになりましたか？

（記入例：高野）

小学生のとき、やりたくもないのに、「将来はお父さんの跡を継いで魚屋になります」と、親の機嫌を損なわないように近所の人に言っていたこと。
思ってもいないことなので、すごく嫌だった。

※私は3代続く魚屋の長男として生まれたので、父は私が跡取りになるものだと信じていて、それ以外の選択肢を言うと強く否定されるので恐怖を感じていた。

質問2

今までの人生において悲しかった、嫌だった出来事はなんですか？

また、それはなぜですか？

（記入例：高野）

23歳のとき、単身ニューヨークへ渡り現地レストランの料理長に抜擢されたが誰かに肩書きを奪われるのが怖くて、威張り散らしていたら、全員に嫌われたこと。

さらに、相手を疑ったり、否定することで、孤独になった。

最後は人間不信になって、誰にも頼れなくなった。

MEMO

●質問1・2の解説

「両親やあなたを育ててくれた人にされて、悲しかった、嫌だった出来事はなんですか？
また、その出来事を通してあなたはどんな気持ちになりましたか？」
「今までの人生において悲しかった、嫌だった出来事はなんですか？
また、それはなぜですか？」

自分軸を見つけるためとはいえ、過去の嫌なことを掘り返すのはつらい作業かもしれません。しかし、今、あなたの人生があるということは、そのつらい経験を乗り越えてきたという証拠そのものです。また、あなたの記憶に残っているこれらの出来事は、あなたの感情に深く印象に残っているという意味でも、人生における大切な出来事であり、あなたの価値ともとらえることができます。

質問1・2を通じて、あなたが周囲の環境から影響を受けたことを振り返っていただきました。それはあなたの分岐点になった出来事である可能性が大きいはずです。

そのことを乗り越えたあなただから、今の自分があります。それがあなたの価値です。

また、あなたの価値は、ほかの誰かに貢献できる内容ともいえます。同じように今、困っている人の役に立てたり、寄り添うことができるはずです。

過去のつらい出来事、見たくない出来事、つい蓋をしてしまうことは、今となっては、それを乗り越えた経験を意味します。その経験を誰かの役に立てることで、そのこと自体が自分自身の価値になり、自信となり、そして、その出来事に感謝することができるようになります。その時、あなたの心はきっと晴れやかになるでしょう。

質問3

子どもの頃、最もうれしかった思い出はなんですか？

（記入例：高野）

小学校3年生の頃、全校生そして他校の教員30人の前で作文を暗記して発表に挑んだ。飼っていたジュウシマツの日記についての発表だった。ところが途中で、暗記したはずの文章が緊張で飛んで体が硬直してしまったが、なんとかリカバリーができ、結果的に大喝采を受けた。このことで人前で話すことへの自信と喜びを知ることができた。

質問4

子どもの頃、誰にどんなことを褒められましたか？
またそのとき、あなたはどんな気持ちでしたか？

（記入例：高野）

なぜか習字が上手で、毎回県大会で表彰されていた。
幼少期、絵を描くこと、字を書くことは褒められる機会が多く、
普段、練習はしていないのに、大人になった今も、自信があり、
うまくできてしまう。

MEMO

●質問3・4の解説

「子どもの頃、最もうれしかった思い出はなんですか?」

「子どもの頃、誰にどんなことを褒められましたか? またそのとき、あなたはどんな気持ちでしたか?」

子どもの頃は何も制限がなかったはずです。ワクワクの種がたくさんあって、いつも好奇心に溢れていたのではないでしょうか。

ところが、私たちは大人になっていく過程でさまざまな出来事を経験し、影響を受けていきます。その出来事はあなたを成長させていくものでもありますが、同時に痛みを伴ってしまった場合「自分らしく生きることは良くないこと」ととらえてしまう可能性もあります。子どもの頃を思い出したくない「忘れたい過去」とネガティブな気持ちになってしまった方は、自分を抑えて今までの人生を歩んできたかもしれません。

ここでは、そんな大人の経験をする以前の子どもの頃を思い出し、あらためてあなたの純粋な感覚に向き合ってほしいのです。その感情が動く出来事に、あなたにしか分からない、あなたの行動の源が隠れています。

人は褒められた経験があると、快楽を感じるのでそれをまた感じたい、その状態を叶えていきたいという感情が湧くものです。また、その経験が自己暗示のような自信になり、大人になってもそのことがスラスラと上手にできたりします。私もそうで、不思議と絵を描くこと、字を書くことに不都合を感じたりはせず、今でも得意なほうです。この答えは、あなたの強みや得意なことである場合が多いのです。

質問5

あなたが人生のスポットライトを浴びていた時期はいつですか？
また、なぜその時期のあなたは輝いていたのでしょう？
そのときのあなたはどんな人でしたか？

（記入例：高野）
ブライダルレストランのプロデュースを手掛けていた時代。
スタッフの採用と教育において活躍した。
何を相談されても結論が出せる、頼れる存在だった。

MEMO

●質問5の解説

「あなたが人生のスポットライトを浴びていた時期はいつですか？
また、なぜその時期のあなたは輝いていたのでしょう？
そのときのあなたはどんな人でしたか？」

輝いていた時代を振り返り、なぜ輝いていたのか？　どのように輝いていたのか？　そして周りからどのように評価されていたのか？　それはまさにあなたの人生のスポットライトの当たる場所です。舞台女優であれば、女優の動きに合わせてスポットライトを当てていくことができますが、人生のスポットライトは、当たる場所が決まっています。自分が動いてみないと、どこで当たるのかは分からないのです。

だからこそ過去にスポットライトが当たった場所を思い出しましょう。それがまさにあなたの輝ける場所です。

質問6

今までの人生を人生グラフに書き起こしてみましょう。

［図6］あなたの人生グラフを書き込んでみよう！

出来事

0

時間

［図７］高野貴士の人生グラフ

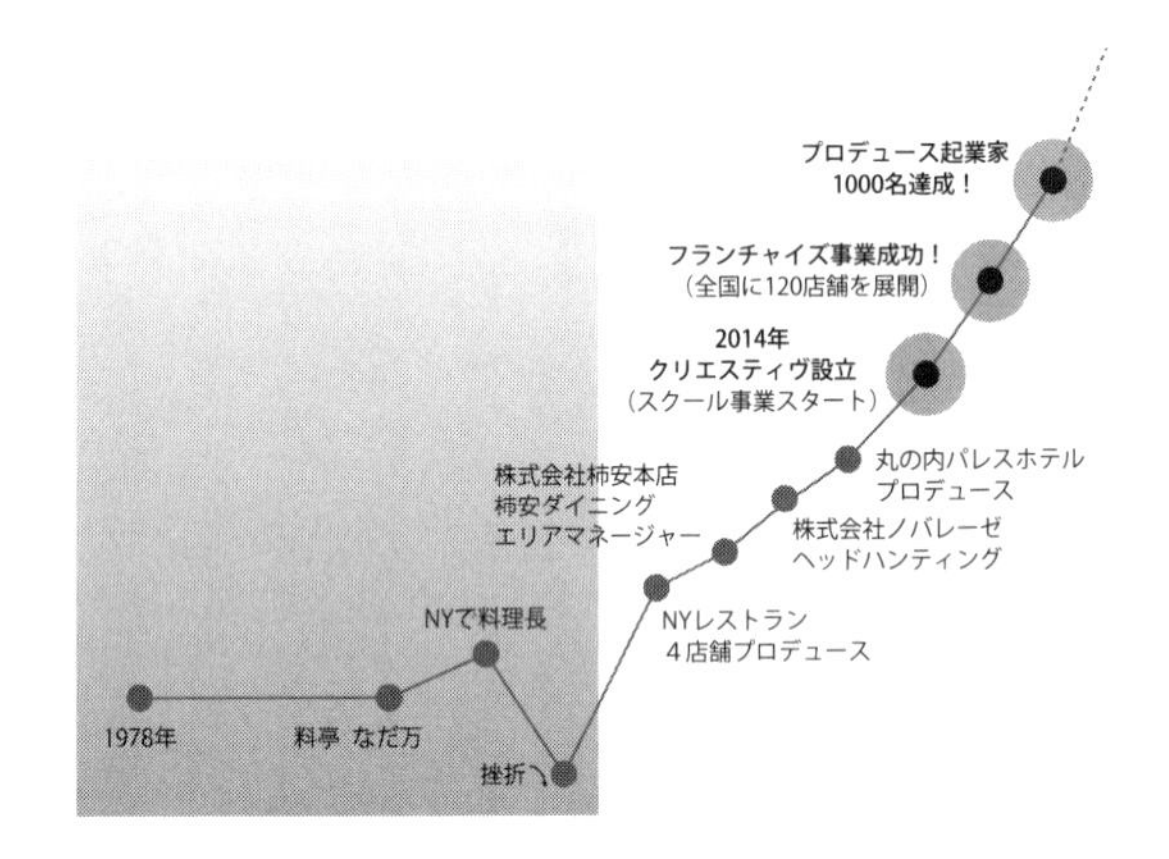

●質問６の記入例と解説

「今までの人生を人生グラフに書き起こしてみましょう」

参考に、私の人生から私がどうやって「自分軸」を見いだしていったかを紐解いてみました。図７をご覧いただきながら、次ページへお進みください。私の人生史を記していきます。

幼少期、私はとにかく魚屋になりたくなかった

私は1978年に栃木県の日光市で生まれました。私の家は3代続く水産業者。日光や鬼怒川、那須のホテル旅館に鮮魚を卸している会社です。そこの長男に生まれ、跡取りとして期待されて育てられました。

ところが、私はどうしても魚屋になりたくなかったのです。なぜならば、クリスマスや盆踊り大会、花火大会、年末年始など友だちと楽しく過ごしたいときこそお店の手伝いをしなければならなかったからです。楽しみたいときにいつも忙しく、子どもながらに、つまらない人生だと思っていましたし、こんな人生嫌だと思っていました。しかし、親が嫌いなわけでも、親戚を悲しませたいわけでもないので、私は「何かほかのことで成功して親や周りに納得してもらう形で魚屋を継がない選択肢をつくろう」と考え始め、小学生の高学年頃からなるべく早く家を出ることを計画していました。

その頃はまだ、自分がどうなりたいか?などは考えていませんでした。とにかく魚屋以外のことで成功することだけに執着していくようになります。

そうして私は「日本一の料理人になること」を決意し、料亭「なだ万」に就職しました。ところが入社してまもなく、この世界は一人立ちするまでに30年近くかかることを知り、絶望します。30年経ったら50代になってしまう！ そんなに時間をかけられないと、方向転換をすることに決めました。

23歳、世界一の場所で成功してやろう！

なだ万を辞めた私は、23歳で単身ニューヨークに渡りました。ちょうどアメリカ同時多発テロ事件があった頃です。

そんなときに「ニューヨークに行くなんて」と家族や親戚からは大反対をされましたが、私はむしろその状況は逆にチャンスだと思いました。ニューヨークで働いていた日本人はおそらく強制帰国をさせられる方が多いだろう、だから人手不足で困っているレストランがあるのでは、と思ったのです。

行動の甲斐あって採用が決まり、幸いにも私はレストランの立ち上げに関わらせていただくことになり、結果的には有名レストランの料理長に任命されることになりました。23

歳でニューヨークのレストラン料理長！「これが成功か」と胸が高鳴っていた時期です。

24歳、人生最大の挫折を経験した

料理長になり成功と思った矢先、24歳で人生最大の挫折を経験しました。せっかく射止めた料理長の座を誰かに奪われてしまわないか？ 誰かがこのポストを狙っているのではないか?という不安で怖くなってしまったのです。そして私は何でもできるフリをして、何でも知っているフリをして、とにかく周囲の人に威張り散らし、傲慢な態度をとっていくようになりました。

もともと私自身は高飛車な気性ではないのですが、そのときは虚勢を張るしかありませんでした。しかも、その当時の私は、なんでみんな仕事を投げ出すんだ？ なぜ料理長の言うことが聞けないんだ?と相手のことばかりを責めていました。ついに、私は誰からも信用されなくなり、人が離れていき、孤独になりました。精神的にも肉体的にも疲弊しました。

コーチングとの出会い「人に応援されたかったら、人を応援しなさい」

そんな私を1冊の本が救ってくれたのです。その本に書かれていたこと、「人に応援されたかったら、人を応援しなさい」という言葉にものすごく衝撃を受けました。

私は、わらにもすがる気持ちで、とにかくこれを信じてみようと実践をすることになります。

人の良いところや才能を見抜く技術を学び、それを見つけては褒め、見つけては褒め、とひたすら人を褒めることを徹底しました。しばらくすると変化が起こり、私は人に少しずつ信用され、信頼され、応援されるようになっていったのです。

そこから、私の人生は大逆転していきます。その後ニューヨークではレストランのプロデュースを任されるようにまでなりました。

成功体験を積んでいく

ニューヨークでの成功を手に29歳で日本に戻り、私は柿安本店に入社、エリアマネージャーを任されます。当時、「デパ地下戦争」という言葉が流行り、百貨店の惣菜の味、バリエーション、そして華やかさが世界最先端を爆走していました。そんな時代に私は伊勢丹 新宿店、日本橋髙島屋、銀座三越、新宿髙島屋など旗艦店舗を任され、前年比で増収増益率日本一を達成します。

入社3年目、伊勢丹 新宿店から接客応対で感謝状を頂き、伊勢丹広報誌に紹介されたことで、多くの企業からヘッドハンティングを受け、大手ブライダル企業の株式会社ノバレーゼの社長室のマネージャーに就任します。そこでは有名ホテルのレストランプロデュースを任され、次々とイタリアン、和食、フレンチ、とジャンルの異なるレストランを手掛けました。

そして、毎回メニューもオペレーションも違うのにうまくいくのはなぜなんだろう、と自分への問いが生まれ、その要因を分析してみることにしました。

コーチングが人生を成功させる鍵

そこで分かったのは、私は自分の経験やスキル、能力を活かしているのではなく、できる人の才能を見抜いて伸ばしていったことで成功しているのだ、ということです。

これはまさに23歳のとき、ニューヨークで発見した、人の才能を見抜き、伸ばす技術。このときに初めてこの技術こそ「コーチング」であったことに気づきます。

そして、理想の未来を創りたいと思ったとき、このコーチングの技術が役立つこと、それは自分だけではなくあらゆる人にも応用できるもので必要なものだ、という確信につながっていきました。

使命を生きる

30代になり、私はコーチングの技術で人を幸せにすることを、自分の使命として取り組もうと決めました。そのための会社を設立し、コーチング起業の講師になり、今に至ります。設立以来、4000人を超える方々にコーチングを提供させていただきました。コーチとしての経験を積みながら、さらにこの技術を人にも教えられるようにスクールを開講。多くの女性が自分の強みや得意なことで働き、自由に生きるために、私のメソッドを伝え続けています。

また、フランチャイズ本部の社長として全国に１２０店舗の代理店を展開することにも成功しました。

私の今は、私のこれまでの人生経験すべてから成り立っています。経験を通じて学び、悩み、克服し、成功体験を積むことで、自分の使命を生きていられるのです。その過程では辛いこともうれしいこともありましたが、今となってはそれぞれが必要なものであったと心から思うことができています。

質問7

あなたの尊敬する人を3人、書き出してください。
それぞれの人のどこに憧れや魅力を感じていますか？
共通点はありますか？

MEMO

●質問7の解説

「あなたの尊敬する人を3人、書き出してください。
それぞれの人のどこに憧れや魅力を感じていますか？
共通点はありますか？」

あなたは、その尊敬する人のどこに憧れるのでしょうか？　実は、あなたがその方を「すてき」と思うポイントは、あなたにもある要素です。あなたのなかにあるからこそ、その要素を感じ取って、共感したり自分と比較していることが起こっているのです。

○○さんの誠実で謙虚で、決めたことは誰に何を言われようとも貫き通す、芯が強いところに憧れる……。

その言葉は、そのままあなた自身の魅力であり、強みだということです。

私たちは自分に秘めた要素でしか相手を見ていません。同じ人を題材にしても、10人が10人違う魅力を挙げるかもしれません。

それはつまり、あなたのなかにない魅力は、自分には見えていないからです。

今、3人の魅力を出していただきました。
そこに書いた「○○さんは……」を「私は」に書き換えてみてください。
さて、どんな自分の魅力が見えてきましたか？

あなたの人生が「自分軸」をつくる

自分軸を見つける7つの質問、いかがでしたでしょうか？

もし、昔のことはなんとなく覚えているけど詳しく思い出せない、という場合は、ご両親や家族、友人の方に聞いてみてください。

自分が経験してきたこと、感じたこと、それをどう乗り越えてきたのか、それはあなたの軸であり、強みであり、価値です。自分の価値を明確にし、それを軸とするところからあなたの理想へ向かって行動すると、ブレてしまうこともなくなります。

自分を知ることで、自信を得ることもできるでしょう。理想の未来を叶えるために、まず自分自身を知ることは、とても重要なのです。

［第5章］

好きなこと×コーチングで起業に成功した女性たち究極の目標は月に100万円稼ぐこと

経済自由人になるための5つのリテラシー ～賢く稼ぎ、貯める知識～

稼げる人はどのような人なのでしょうか？　豊かになっていく人はお金を稼ぐ知識だけではなくお金に対するリテラシーも体得しています。

あなたが「稼げるコーチング起業メソッド」を身につけたら、ぜひ、同時に図8にある、5つのリテラシーを必須で押さえておくことをおすすめします。

まずは、賢く・効率良く稼ぐこと。

稼ぎたいと思っているのに、コンビニでレジを打っていてもお金持ちにはなりません。ですから賢く効率良く稼ぐのは大切ですね。

次に、貯める知識をもつことです。

今の時代は、銀行口座に１０００万円預けておけば安心かといったら、決して安心ではありません。最近では、銀行窓口も人件費削減を背景に少なくなりＡＴＭが増えているのが印象的ですよね。引き出し手数料も高くなっています。例えば、１０００万円を10年預

［図8］経済自由人の5大原則

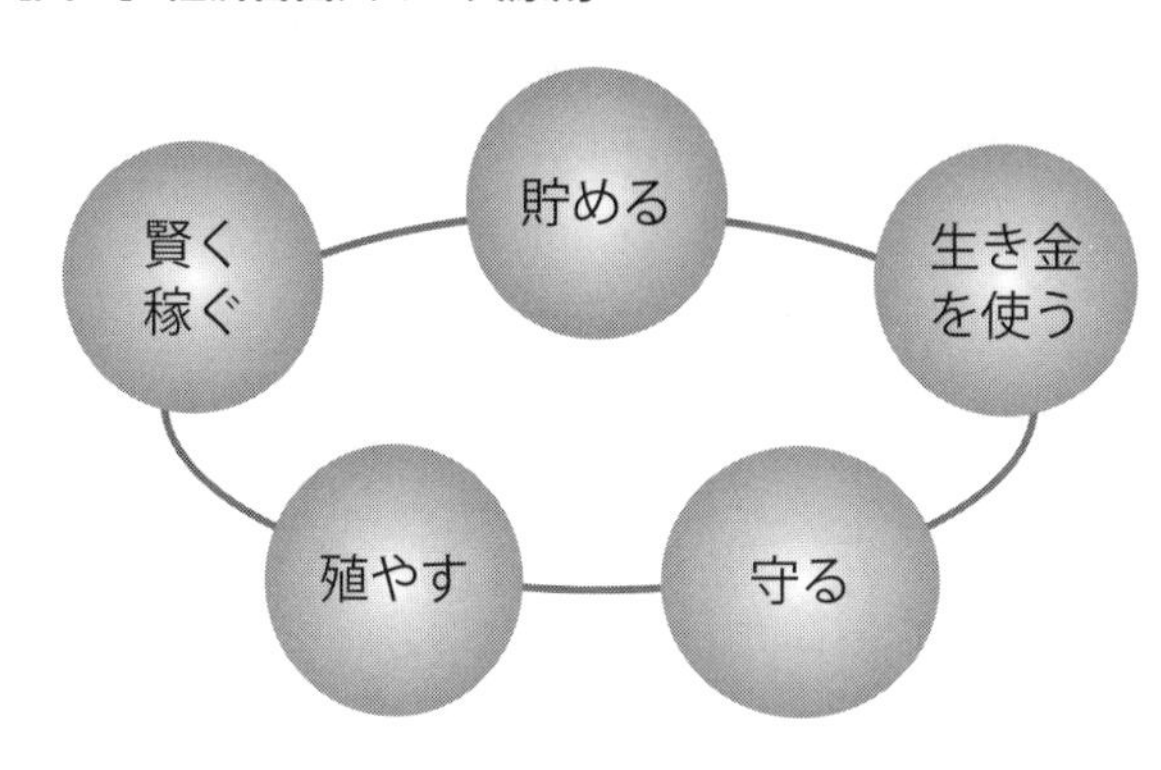

けていてもほどんど金利は上がらないとすると、下手すれば10年間の金利よりも引き出し手数料のほうが高くついてしまうのではないでしょうか？

生き金を使って幸せの循環を

また、お金を使うことで自分だけでなく周りも幸せにすることも非常に大切です。

もし、私がセミナー受講生からお金を取ることばかりを考えていたらどうなると思いますか？受講生はなかなか成果を出せず、逆に離脱する人が増えます。そうなると私は受講生の募集を繰り返すことになってしまいます。これは受講生も私も幸せではないのです。

逆に私がとことん受講生に貢献し、多くの価値を提供していったとします。すると短期間で成功していく受講生が増えていきます。すると、「どこで勉強したの？」とクチコミが広がり紹介者が増えていきます。

実際に私のスクールの受講生は実に5割ほどは卒業生のご紹介で学びに来てくださっています。つまり、生徒さんも幸せで、生徒さんの先の生徒さんも幸せで、そして私も幸せのオールウィンになります。こうなれば富の循環が起きてきます。自分が苦しくなると、相手からお金を取ることばかり考えてしまいがちですが、お金を取ろうとすればするほど苦しくなるのです。逆に還元し、貢献しようとすれば収入は増えていくのです。これも一つの生き金を使うという考え方であり、商売の基本ともいえます。

「稼げるようになりたい」のは、将来が不安だから？

そして次に大切なのは、お金を「殖やすこと、そして守ること」です。

この話を進める前提のお話をすると、相談にいらっしゃる多くの方が、「稼げるようになりたい」と言い、その理由に将来の不安を挙げられます。ですが、どんなに稼げるようになっても、将来の不安はぬぐえないと思います。例えば、あなたがもし稼げるようになっても、その稼ぎ方は5年後も通用しますか？　10年後も存在するでしょうか？

2020年からのコロナ禍で、トレンドがひっくり返されたことからもお分かりのとおり、世の中は何が起きるか分かりません。ましてや、病気や怪我をしたら一瞬で稼げなくなってしまいます。

稼ぐことができても、収入が増えれば自ずと支出も増えていきます。払い出しを小さくしお金を守ることも考えていかなければ豊かさは手に入りません。

そして最後は、殖やすこと。お金でお金を生み出していく仕組みをつくることです。


そして考え方として最もおすすめする方法は、アーリーリタイアです。私たちが本当に頑張るべきことは、「稼げる自分になる」ことよりも、「お金を安定的に得る仕組みをつくり、リタイアすること」だと思います。

皆さんが考えるリタイアというのは山奥で家庭菜園をしながら生活しているイメージかもしれませんがそういうのではなく、いい換えると、稼ぎたいときは好きなだけ稼ぐと同時に、休みたいときは休める。あなたが働かなくても、勝手にお金が殖えていたらどうでしょう？　働かなくてもいつでも収入を得られる状態をつくるということです。好きなときに働き、働かなくとも安定的な収入がある状態をつくれて初めて、未来の不安がなくなり、本当にあなたのしたいことが自由にできる生活になるのではないでしょうか。つまり、私たちはつい稼げる自分になるために一生懸命になってしまいますが、その先の自由も安心もないとすれば、本当に取り組むべき方向は、リタイアするために全力で頑張るということなのです。

また、そのためにも重要な要素があります。それは、「収入源を複数化する」こと。

では、どうしたら複数化できるのか？

それにはこの方の話をするのが、いちばん分かりやすいので引用させていただきます。

『金持ち父さん貧乏父さん』のクワドラントの考え方

お金を稼ぐ目的を明確にし、お金のリテラシーを高めたい。そんなとき、参考になるのがロバート・キヨサキ氏の著書『金持ち父さん貧乏父さん』のクワドラントの考え方です。

キヨサキ氏の『金持ち父さん貧乏父さん』を読まれた方は多いでしょう。この本は金持ちになるにはどうしたらいいのかの指南書として何カ国語にも翻訳され、大ベストセラーになりました。

厳しさを増す時代においても、より良い人生を生きていくためには、金持ち父さんのように会社でお金のために働く「以外」の考え方が必要です。

世の中には頑張ってたくさん働いてもなかなか収入が増えない人もいれば、ほとんど働いていないのにたくさんの収入がある人もいます。それは能力や才能、生まれ育った環境が関係ないとすれば、いったい何が違うのでしょうか？

これほどまでに収入に大きな差が開く理由は『金持ち父さん貧乏父さん』でも紹介されているキャッシュフロー・クワドラントの「ＥＳＢＩ」を知れば一目瞭然です。図9をご覧ください。

［図9］クワドラントの労働人口割合

この本で私が伝えたいのは、「クワドラントの考え方」、そして本書のノウハウを活かして「リスクを取らない」安定のつくり方、リタイアの仕方です。

お金と時間のバランスについても考えてみよう

E（Employee　サラリーマン）は時間の切り売りでお金を稼ぐ人たちです。ここに属する人は人口全体の80％を占めています。サラリーマンとは、会社などに雇われて給料を得るような収入モデルの人のことです。大手の企業から、中小企業まで、会社に雇われて給料を得ている人は全員Eに属します。自分の時間を対価として収入を得ているので、お金も自由な時間も手に入れるのは難しいといえます。

次にS（Self-employee　自営業）。能力で稼ぐフリーランスなどの方です。こちらは14％でここに属する人は自営業「自分の事業」を行っている人です。自分の労働力を対価として収入を得ているので、収入はある程度の限界があります。自営業の状況はというと、能力の高い人は稼げていますが、時間がありません。また、ここに属していて時間のある方はあまり稼げていない人といえるでしょう。つまり、お金か時間かどちらかしか手に入らない、ということです。

B（Business Owner　ビジネスオーナー）は事業オーナーやフランチャイズで本部を経営している「ビジネスを所有する人」のことです。ここに属する人は人口全体の1％。例えばラーメン店のオーナー、美容院のオーナーなど、基本的には現場にはいないのですが、そのビジネスの「権利」をもっている人たちです。こういった立場になると権利収入を得ることができるし、自由な時間があります。

Ｉ（Investor　投資家）は、お金でお金を生み出すことができている人です。株式、不動産、為替、債権、金融商品などに投資をすることで利益を得る、ここに属する人は全体の５％です。

このように世の中には４つの働き方があります。左側のＥとＳの人は自分自身が働きます。そのため病気や怪我をしても、なんの保証もない働き方になります。一方で、右側のＢとＩは時間とお金が働きます。そのため自分が働かなくても仕組みやお金が働いてくれるので、ここにいる方々はお金も時間も自由です。

これを見たとき、あなたはどちらにいたいでしょうか？

さらに、ここで同時に世の中の資産割合も見ていきましょう。世の中の約90％の資産が右側のＢとＩにあるのです。

私はいつも、これを１００個のたこ焼きに例えてお伝えしています。右側は１％と５％、つまり90個のたこ焼きを6人で食べることができます。そして、左側は80％と14％、つまり94人でたこ焼きは10個しかありません。

どうでしょう？　ほとんどの人が食べられないですよね。そのため左側の人たちは常に競争や争いに巻き込まれてしまうのです。


最近では起業に興味関心をもつ人が本当に増えました。サラリーマンでは将来が不安だから、起業して自分で稼げるようになろう！というのが今の世の中の風潮で、起業を目指す方は数年前と比べて格段に増えたと肌で感じます。それに伴って、起業スクールや起業講師、そして起業を目指す方々のコミュニティなども身近なものになりました。

しかし、私はそこに警鐘を鳴らしてきました。「起業したら自由になれる」「起業すれば将来の安心が手に入る」という安易な考え方はとても危険です。なぜなら、あなたが起業して収入を得ることを考えているならば、それはEからSになることを意味します。多くの起業家は自由になるためにサラリーマン以上に働いている実態があります。また、サラリーマン以上に責任やリスクを負いながらもサラリーマンのような有給休暇やボーナスはないので、つまり保証がなくなります。つまりEからSに移っても、左側であることには違いがなく、リスクが高い状態で働くことを意味します。

それでは、どうしたらよいのでしょうか？

私たちは右側の収入源をしっかりと整えたうえで左側でやりたいことをやる必要があるのです。

そうなったとき、あなたは日々の食費や月末の家賃の支払いに一喜一憂することなく、「好きなことを」「好きなときに」「好きな人と」「好きなだけ」存分にできるでしょう。

私はこれこそが「自分らしく自由に生きている、自立した起業家」つまり、経済的にも自立した「本物の自由女子」だと定義しています。あなたもそんな自分になってみたいと思いませんか？

そんなあなたになるための方法を次にご紹介します。

ロバート・キヨサキ氏も教えてくれなかった、6段階で左側から右側に行く方法

キヨサキ氏でも伝えきれなかった、誰でも実践でき、短期間で堅実に右側に行く方法があります。

私がさまざまなパターンをシミュレーションし、実践し、編み出した方法です。

その方法は6つのステップから成ります。

まずはステップ1です。会社勤めをしながら個人事業で副収入をつくっていきます。副業というと5万円とか10万円を想像する方が多いかもしれませんが、仮に今の月給が20万円でしたら、まずは副業で50万～100万円稼ぐことを目指しましょう。その副業収入を得る方法は私の「稼げるコーチング起業メソッド」です。そんなことできるわけがないと思った方もいるかもしれません。でもなぜできないのですか?と尋ねると、私にはそんな強みがないからと答える方がほとんどです。では強みとはなんで

ステップ1. 2つ目の収入をつくる

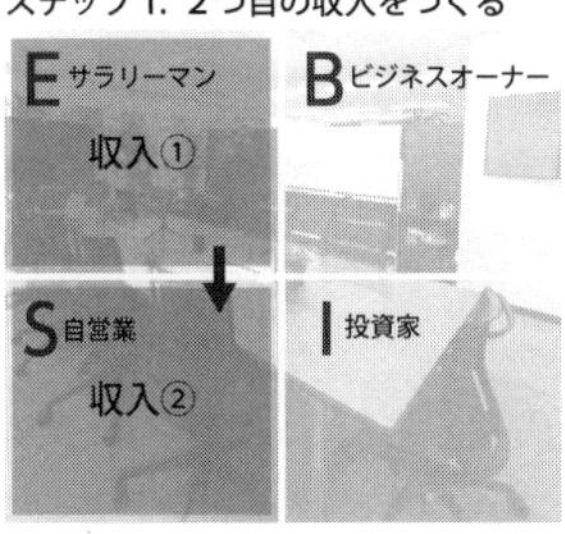

しょう？

強みとは、あなたがこれまでに乗り越えてきたつらい経験や悲しい体験、失敗談、あなたにしかないストーリーです。その経験をあなたは忘れようとして心の奥底にしまい込もうとしていませんか？　実はその話を聞きたい人がいます。その話に救われる人がいます。

今、同じことで苦しんでいる人はあなたに心の支えを求めているかもしれません。あなたが目を逸らそうとしているその経験によって救われる人がいて、その人に話すことで感謝される体験をしたら、あなたはきっとその経験をしたことに感謝をして、その苦しみや悲しみを受け入れることができるはずです。

そういった苦しい経験、悲しい経験は、いくら払ってでも聞きたいという人がいるのです。その価値にあなたが気づくことで、月収100万円は達成できるはずです。

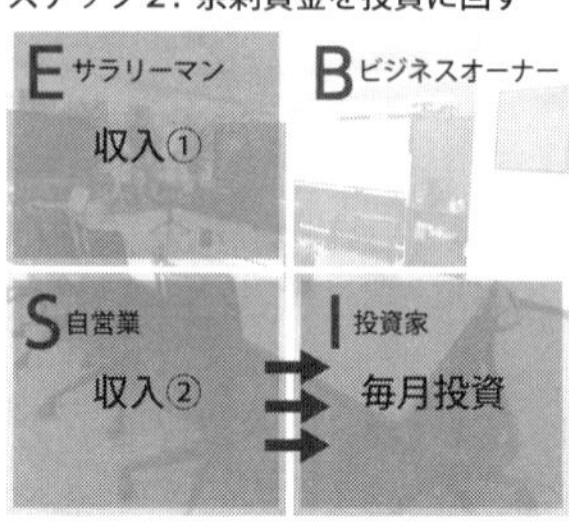

そして、ステップ2です。副業のSで稼いだお金を次のIの資産形成にそのまま移していきます。ここでは「毎月投

資」となっていますが、稼げた分だけでよいです。今月は100万円稼げたから60万円だけ入れようかな、といったようにしっかりと安定し軌道に乗っている資産を運用に移していきます。銀行に預けていても殖えませんので、しっかりお金に働かせます。

ちなみに、投資というと、皆さん株やFX、不動産を想像する方が多いかと思いますが、ここでのポイントはサラリーマンと副業をやりながら、お金にも働いてもらうという話なので、あなた自身が疲弊しない投資内容を選択します。

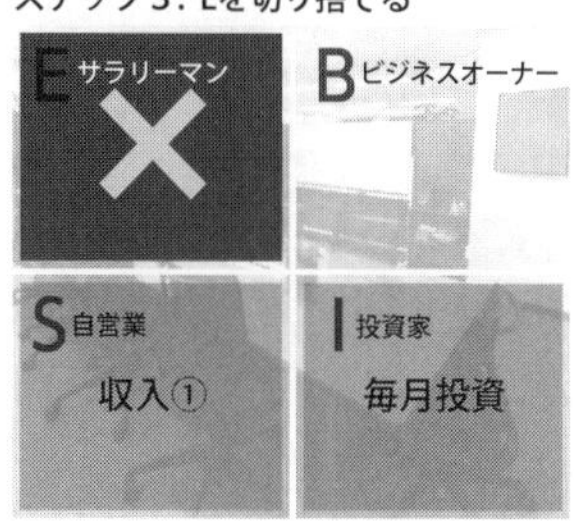

なので、あまり専門的なものではなく、長時間の勉強を必要とせず、トレードや市場分析をする必要がなくて、もっというと、経験すらも必要としない、ローリスク・ハイリターンの投資です。そういった投資はいくつもありますので、皆さんがご存じであればどんどん回していくといいです。

また、投資については私もひと通り学び、実践していますが、私が実際に運用し、成果の出ているものを受講生にもどんどんご紹介して運用してもらっています。

そうすると1年くらい経てばIだけで回るようになってきます。

この収入の仕組みが出来上がってくると、ステップ3になります。

このときはもうEであるサラリーマンを辞めてもいい状態になるので、そこでサラリーマンをバッサリ辞めていきます。ただし、あまり慌てても危ないので、タイミングを見計らって「大丈夫」だと思うタイミングで辞めましょう。

ステップ4．空いた時間でBへ移行する

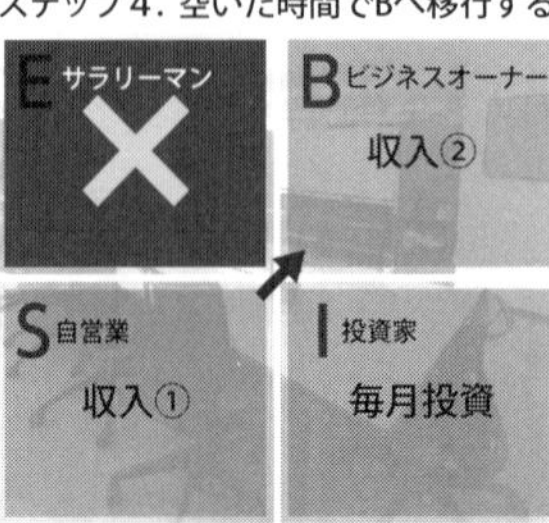

次はステップ4です。サラリーマンを辞めると、日中の時間が大きく空いてきますのでSでやっていたことをBとするよう仕組み化していきます。仕組み化とは、自分のコンテンツを動画サイトで配信していったり、オンラインサロンでコミュニティ化させたり、連絡や案内をすべて自動化させてしまったり、決済も自動決済を取り入れるなどしてなんでも

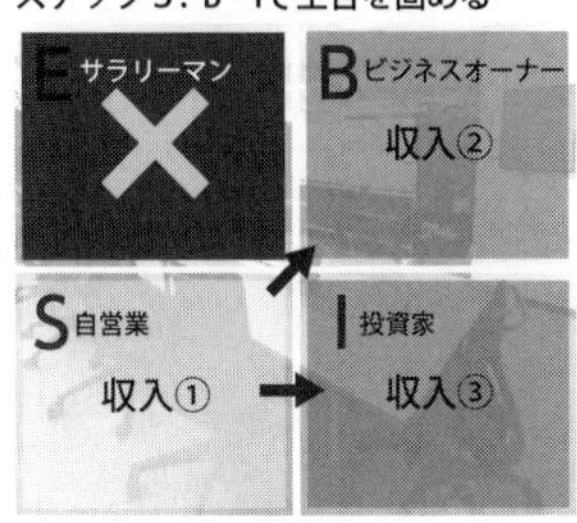

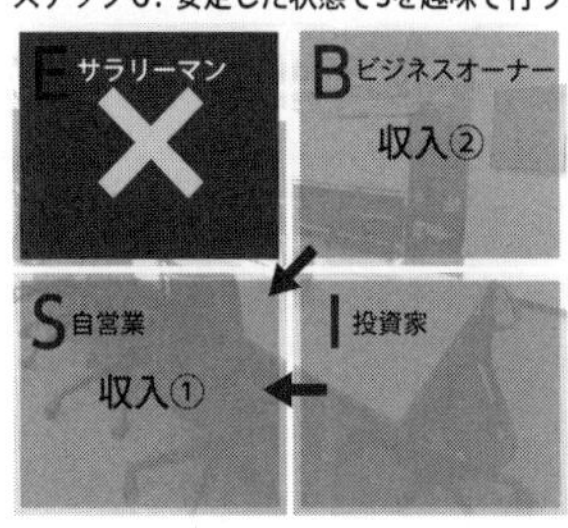

自動化させていくことです。

また、フランチャイズ化も仕組み化の方法の一つです。その方向性をもった方はこのタイミングでするといいでしょう。私もフランチャイズのオーナーでもありますので、フランチャイズ化したいとなったら、ノウハウの提供もできます。1年間で30店舗くらいの展開はできます。ほかに資格制度を用いたスクールビジネスもできます。

そうやって自分の手を使わなくとも収入が得られるカタチをつくっていきます。

次にステップ5です。ここまでくると、BとIが整ってきますのでBとIでしっかり土台固めをしていきます。こうなってくれば、月に100万~200万円は何もしなくても入ってくる状態になっています。

そしてステップ6です。BとIがしっかりできてきたら、最後に、Sに帰ってきてください。皆さんここまでBとIとで必要な収入は確保していますので、Sに帰ってきたとき初めてやりたいことをやりたいときにやりたいだけできます。

このように6ステップでご説明しましたが、ロバート・キヨサキ氏との違いはお分かりになりましたでしょうか？

何をやるかは自由。自分の強みでやるといいでしょう。ただ、これまで述べてきた順番だけは守ってほしいのです。なぜかというと、この順番さえ守れれば、リスクを取らずに短時間で自由女子を達成することができます。リスクとは収入を止めることや大きな損失を被ることです。

この方法であれば常にキャッシュポイントは2つから3つで収入を得ていくステップですので、資産を雪だるま式に殖やすことができ、リスクを取らずに、確実に右側BとIのキャッシュポイントを確立していけます。

［図10］ 6段階で左側（ES）から右側（BI）へ行く方法

ステップ1. 2つ目の収入をつくる

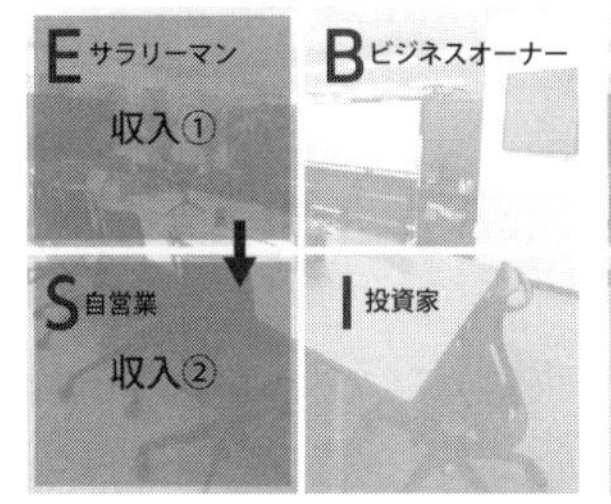

ステップ2. 余剰資金を投資に回す

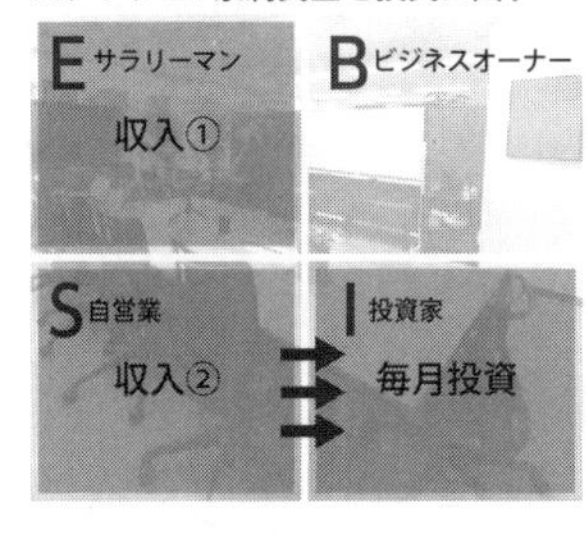

ステップ3. Eを切り捨てる

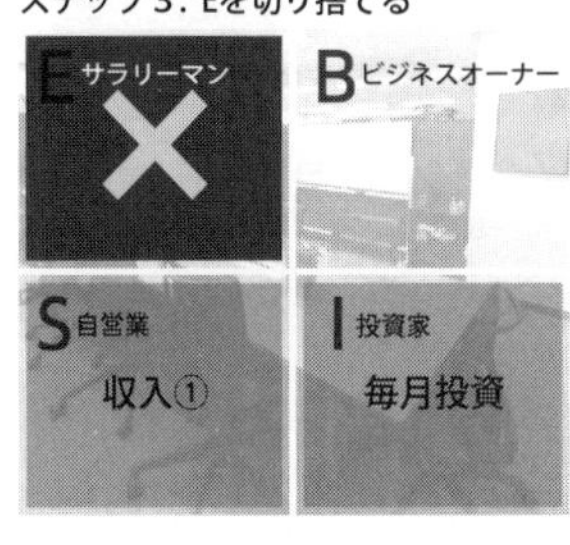

ステップ4. 空いた時間でBへ移行する

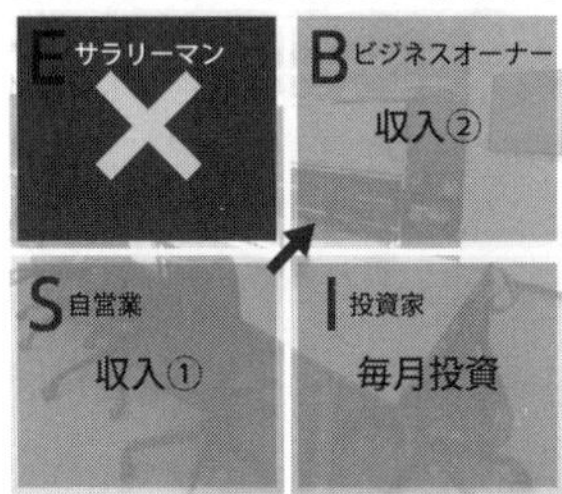

ステップ5. B・Iで土台を固める

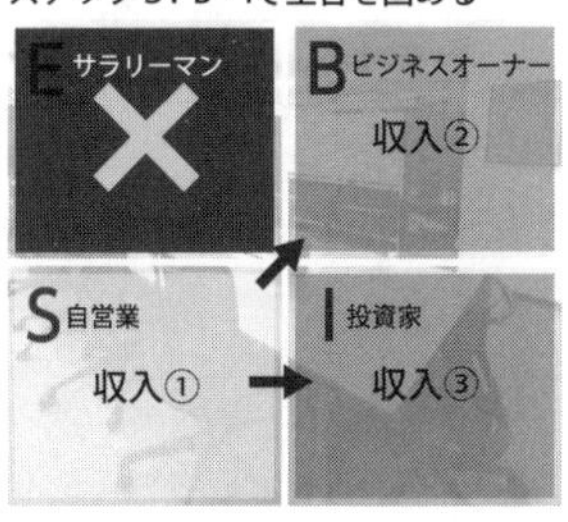

ステップ6. 安定した状態でSを趣味で行う

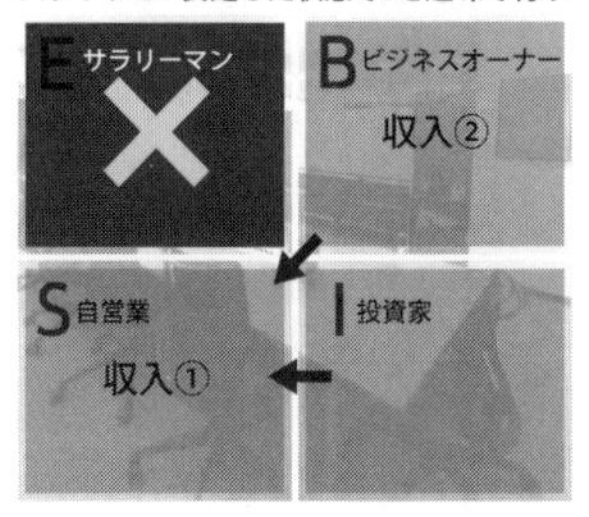

ロバート・キヨサキ氏はクワドラントまでは教えられたのですが、そこから一足飛びにBやIに行く方法を挙げられたためリスクが大きく、多くの方が失敗してしまったと思います。そうではなく、堅実にBIに寄せていくということを守っていけば、1年くらいあれば、皆さん右側へ行けると私は自信をもっていえます。ぜひここを目指していきましょう。

私の伝える投資案件は、自分で勉強したりトレードしたりするものではないので、勝ち負けがありません。

ところで、ここでよく、そんな都合の良い投資案件があるの?と疑問に思われる方がいらっしゃいますので、解説しますね。

例えば、あなたが株の投資を始めようとしたら、まずはその基礎知識を学び、いったいどこに投資をしたらいいのか?と悩むはずです。

ここで経験が必要になるわけですが、例えば、経験豊富で、成功確率の非常に高い、信頼のおける一流投資家が、ある株に1億円投資したことを、あなたが知ったとします。さてあなたはどうしますか？

一緒に便乗しますね。そして、結果はどうなるでしょう？

あなたの勉強の進み具合や経験に頼らず成果を得る可能性は非常に高いですよね。私がそうしてきたように、私は生徒さんに自分が今何に投資をしているのかをすべて公開しています。それはともに豊かになりたいからです。

頻繁に上がったり下がったりする煩雑な案件は扱いませんので、ただただ、毎日、毎月報酬が出る投資案件にのみ投資をしています。皆さんがそこへ便乗していけば毎日報酬が得られます。


成功者は、成功している人の力を借りるのが上手です。うまくいかない人ほど、自分で何でもやろうとします。投資の話もそうです。自分で勉強して自分でチャレンジすると大やけどをする可能性があります。確かにプロの投資家やトレーダーになりたいなら失敗の経験も必要かもしれませんが、そうではないなら初めから自分でやろうとしないことです。

助けてもらう側ではなく助ける側になる！

今後、働くうえでの社会情勢は深刻化していきます。例えば、外国人労働者とＡＩ（人工知能）が日本の労働社会にもっと広まっていくことを考えると世の中の働き方、稼ぎ方が根本的に変わっていくと推定されます。ＥＳＢＩのうち、どの人の仕事がなくなるでしょうか？　そう、左側のＥとＳにいる人の仕事はどんどんなくなっていきます。

一方で、右側の方々はどうでしょう？　Ｂのビジネスオーナーの立場の人にとっては、ＡＩはわがままを言わない従順な従業員になり得ます。

Ｉの立場からしてもＡＩは、過去のデータ分析などをしてくれる良きアドバイザーになるでしょう。

人工知能は右側の豊かな人をより豊かにしていく存在になりますが、左側の人へは労働がとって代わられてしまう脅威になっていくでしょう。だからといってＥからＳに行っただけでは状況は変わりません。だから右側を考えながら動かないといけないのです。

私の「稼げるコーチング起業メソッド」への質問でコーチやカウンセラーは、今や飽和状態では?といわれますが、私はこれからますます需要が増えると確信します。なぜならば、不安定な社会情勢のなかでストレスを抱える人が増えてくるのと、ＡＩによって仕事を失う人が増えるので、職を失ったときに自分の強みや未来を考えられない人がたくさん出てくるからです。

人に寄り添い、心を軽くすることができ、強みややりがいを一緒に見つけ出せるコーチングなど対人支援系の仕事はますます必要になってくるに違いありません。

そしてここでもう一つ、お伝えしたいことがあります。あなたはそれを知りつつ、助けてもらう側でいいんですか?ということです。ぜひコーチ、カウンセラー、セラピストに助けてもらう側ではなく、あなたも助ける側になりましょう。この仕事は、絶対にＡＩでは務まりません。あなたは人生で重要なことや応援してほしいことがあるときＡＩに相談したいですか?　やはり人に話を聞いてもらいたいですよね。

対人支援系の職は今後なくなることはありません。しかも、ＰＣ一つで場所や時間にとらわれずに働くことができ、一生使えるスキルです。

お金を稼ぐ目的を明確にしよう

「高野さんのスクールの生徒さんって、月に100万円、200万円を短期間で稼げるようになっていますよね？　私もそうなりたいです」と言う方がよくいらっしゃいますが、いつものとおり私は「それぐらいだったら稼げますよ。でも、あなたはどうなりたいのですか？」とお聞きしています。すると、「だって、月に100万円稼げれば、何不自由なく過ごせますよね。何でもできて、すごく良いと思うんです！」と皆さんおっしゃいます。

でもここで注意したいのは、お金はなんとなく欲しいなと思っているだけでは、手に入りません。「これがなんとしても必要だから」と具体的にイメージしてこそ、手に入るのです。

続けてその方にお聞きします。

「月収100万円稼げたら、何が得られますか？」

「大きな家も買えますね」

「大きな家がなぜ欲しいのですか？」

「大きな家があったら家族でくつろげますね」

「どうしてくつろぐ必要があるのですか？」

「くつろぐことができたら前向きになって家族のためにも頑張れるから。いつもありがとうと感謝もしてもらえると思うからです」

「そうですね、それは良いですね。では感謝されたらどんな気持ちになりそうですか？」

「満足感でいっぱいになると思います……！」

突き詰めていくと、皆さん共通で最後には物ではなく感情が得たかったことが分かります。

人が行動する理由はいつも一つです。「自分自身の手にしたい感情があるから」行動しているのです。

お金も、家族も、家も、すべて感情を手にするための手段なのです。

例えば高級車に乗りたいという衝動に駆られたとしましょう。それは突き詰めてみると、優越感が欲しいだけだと分かります。そしてその優越感だったらもっと身近にあるもので満足できる可能性も十分にあるでしょう。皆さんがもし、何かを欲しいと思ったり、何か成し遂げたいと思ったとき、その欲しいと思う欲求の先にどんな感情が潜んでいるのかを考えることができたら、目的が明確になり、より稼ぐことができるあなたになっていくということなのです。

「稼げるコーチング起業メソッド」で夢を叶えた女性たちのストーリー

私はセッションやセミナー開催を通じて起業プロデュースをしています。ここからは実際に私のメソッドを実践して、ビジネスを向上させている女性4人をご紹介します。

Case1 自由な働き方を実現! CAと並行して副業から、1年半で起業へ!

ライフデザインコーチ/黒瀬 純さん/33歳/元大手航空会社国際線CA

◇学び開始時期:31歳
◇プロセス:1カ月のセミナー受講→コーチングビジネス開始→2カ月で副業月収

150万円達成→その後も継続→1年半後、32歳で起業
◇資産運用：副業収入と同時にスタート、現在 月利8％
◇現在：起業して会社員時の年収（約700万円）を超える収入を維持しながら、投資で安定的な収入を確保、好きなときに好きなだけ働くライフスタイルを実現
◇今までのコーチングセッション人数：約70人

◆「ライフデザインコーチ」とはどんなサービスですか？

コーチングをベースに、セルフイメージを上げ、自分で自分を幸せにできる「自分軸」を養うプログラムを提供しています。以前は肩書きを「恋愛コーチ」としていましたが、さまざまなお客様とお話しするなかで、女性の幸せは恋愛や結婚だけではなく、豊かさや仕事など多岐にわたっていると知り、現在は「ライフデザインコーチ」に変更して活動しています。

◆ご自身が「稼げるコーチング起業メソッド」を学ぶ前に抱えていた課題は？

会社員ではない生き方がしたいと思ったものの、会社員しかしたことのない私に「何かできることあるのか？」と自信がもてなかったことが課題だったと思います。ＣＡの仕事は好きでしたし、人間関係にも恵まれていましたが、時間や場所、定額のお給料、しがらみなどから自由になりたいと、起業については3年ほど前から漠然と考えていました。「もっと自分だからできること、人と深く関わることはないのだろうか？」と考えつつ、「でも、会社員しかやったことのない私に、何ができるのだろう……」というループに入っていましたね。

◆ご自分の恋愛体験や仕事の経験がビジネスになったのですね

以前の私は恋愛においても仕事においても、「ちゃんとしなければ」「完璧でいなければ」という価値観のなかで生きていました。そうでないと自分に価値がないような気がしていたのです。特に恋愛では、「彼に惨めな自分なんて見せられない！」と完璧な自分を演じる「こじらせ女子」だったと思います。

自分自身が恋愛や自分との関係性でつまずいていたこと、そこから自分が変わってこられた経験が、今になって同じように悩んでつまずいている方へのビジネスにつながっています。

◆稼げるコーチング起業メソッドの学びのなかで、特に腑に落ちたポイントは?

これまで完璧な自分を装い、惨めな自分を隠していましたが、高野さんにセルフイメージの書き換えをしてもらったことで、「本当は素のありのままの自分を出して自由になっていい」ということが腑に落ち、これまで出せなかった自分を出してみることに。周囲が「ありのままの自分」を認めてくれる体験を重ねることで、恋愛や仕事に対する価値観がどんどん変わっていきました。

また、私は起業して単純に稼ぐだけではなく、「どうしたら自然にお金が入ってくる仕組みをつくれるのか?」についても考えていました。人の役に立つことはすばらしいけれど、それがマストになってくると、休めなくなってしまったりもするのでしんどいなぁ、と。それを解決できる方法（＝投資やビジネスオーナー）が欲しいという考えの私に、高野さんのメソッドがマッチしていた部分も良かったですね。

◆稼げるコーチング起業メソッドの良かったポイントは？

セルフイメージを変えることの大切さが分かったことです。また、自分のいつも陥る思考パターンや課題に気づかせていただき、それが苦しんでいた状況の劇的改善につながりました。自分のもっている思考パターンに気づいて書き換えることは、普通に生きていたらできません。コーチングを学べたからできたと思います。

幸運なことに、私が初めて受講した起業講座が高野さんのコーチング起業講座でした。その後、別の起業系講座も受講しましたが、一周して高野さんのメソッドに対してあらためてこんなハイブリッドな講座はなかった、と感じました。講座ではコーチングセッションでそのまま使用できるトークスクリプトも渡していただけたので実践の場でもとても助かりました。

受講始めは、具体的に自分に何ができるのかも分からないままに講座を受けていましたが、高野さんの講座は1カ月での起業を想定していて、どうしたらお客様と良いセッションができるのか、どうクロージングするのか、どんなふうにビジネスを継続していけばいいのかなども学べましたし、自分の経験をもとにした「私らしい」コアな事業コンテンツもつくることができました。

◆クライアントさんとのエピソードで喜ばれたことは?

私は今、私自身が「ありのままの自分」を受け入れていく過程で感じていた心理的葛藤や、役立った考え方などをブログにつづっています。それを見て、会いに来てくださるお客様から「純さんがブログに書かれていることを、全部身につけたいです!」なんて言っていただけることが増え、まずそれだけでもとてもうれしいです。また、コーチングを通じて、もともとは恋愛で悩まれていたお客様が、他人軸を卒業し自分軸を見つけて自信をつけることで、ご自身の人生の可能性を信じ、恋愛以外にも変化を遂げていく瞬間に出会えたりすることは、私にとってすごく喜ばしいものです。

◆資産形成と運用はうまくいっていますか？

このコロナ禍の厳しい状況下でも、実働とはまた別に安定的な収入を得られています。2年前までは「このまま漠然とCAを続けていていいのか？」と悩み、よく「時間とお金を交換しない」というキーワードでネット検索をしていました。実際に時間やお金に縛られていない人に会って、その秘訣を聞きたいと思ったからです。いろいろな方に会った結果、皆さんが共通して口にしていたのが「資産形成はマスト」ということでした。

私の周りの女性たちは貯金はしていますが、投資は後回し。実際に資産形成をしている方はまだまだ多くはありませんが、「資産形成はマスト」という考えを絶対真似しようと決めていた私にとって、高野さんのメソッドは私のなかにスムーズに入ってきましたし、実際にやってみて本当に価値を感じています。

◆起業後の不安はありましたか？

起業当初は金銭的な不安も多少はありましたが、高野さんがアフターフォローをしてくだったので、心配し過ぎることなく飛び込むことができました。開業当初は何も情報発信をしていなかったので、キャリアも知名度もないなかで、お客様に信頼してもらうことに難しさを感じていました。それでも、コツコツとブログやSNSなどで情報発信していったことが信頼へとつながり、お客様から「純さんのようになりたい」と言っていただけることが増え、今ではたくさんのすてきなクライアントさんに恵まれています。

◆今後チャレンジしていきたいことはありますか？

今まではESBIのうち、S（自営業）とI（投資家）に力を入れてきましたが、今後、個人でやってきたことをコンテンツ化し、B（ビジネスオーナー）となれるよう仕組み化をしていきたいと思っています。

Case2　最高の相手と最短で出会える「婚活コーチング」が予約待ちの人気ビジネスに！

婚活コーチ／森崎淑子さん／47歳／元Web開発ディレクター

◇学び開始時期：45歳
◇プロセス：1カ月のセミナー受講→コーチングビジネス開始→3カ月で月収100万円を達成→継続→現在はコーチ養成プログラムを開始
◇資産運用：運用中。現在 月利8％
◇現在：コーチングビジネスで多くの経験を積み、収入を拡大してきたことをもとに、現在ではコーチ養成サービスを開始し、さらにビジネスの幅を広げている
◇今までのコーチングセッション人数：100人以上

◆婚活コーチとはどんなサービスですか？

幸せな出会いをゴールに定め、そのイメージを描き出して、期日内に結果を出すサポートをしています。

前職はWeb開発ディレクターをしており、目標達成のための作業を洗い出し、納期内に定める仕事を繰り返していました。この期限内に達成するという仕組みは婚活も同じととらえサービスにしていきました。

婚活コーチングをしようと思った背景は、自身の結婚です。私は、35歳のときに上司に促されて婚活を始め、「こういう人に出会ってこうなったら私の人生幸せだろうな」というイメージを具体的に設定して、行動していった結果、自分が設定した6カ月の期限内に今の旦那さんに出会い結婚しました。世の中の人も私と同じように計画的に行動しているのかと思っていたのですが案外そうではなくて、友人にも同じやり方を伝え実践してもらったら6カ月で結婚することになり、そこでこれは他人にも再現性があるのだと味をしめたんです（笑）。

婚活コーチングのお客様は、人生のパートナーを探しています。この人でいいという決断をするところで迷ったり、自信がなかったり、何をもとに決めたらいいのか分からない、ということが課題です。そのとき、重要なのは〝決断の仕方〟と思い、そこをコーチング技術を用いて解決していくコンセプトにしています。

◆起業内容を決めていながら、コーチングメソッドを学んだ背景は？

ビジネスの基礎構築はできていたのですが、サービスをちゃんと形づくるには体系づけたものでないと、とコーチングをビジネスにできる環境を探していたところで、高野さんと出会いました。

◆「稼げるコーチング起業メソッド」でビジネスに役立ったのはどの点ですか？

「1カ月間の導きで効果を出す」というスピードがまず、めちゃくちゃ私に合っていました。また、逆算思考の講座なので、先に完成形を教えてくれて、正解から入ることができるので理解しやすく、ほかの講座と根本から教え方の構造が違いましたね。高野さんの講座では学んでいる過程で実際に顧客とコーチングをする体験セッションがあるのですが、実践をしたことで自信がつき、講座修了後まもなく100万円を達成することができました。

私は以前はWeb開発のプロとしてやってきたため、自分自身が目標を達成することは得意です。でもビジネスとして自分以外の方に再現してもらうにはどうしたらよいのかを模索していたんです。そのとき、高野さんのコーチング目標達成の「ロードマップ」を見て、すごい！　これだ！と思いました。模索していたこともあり、それが相当勉強されて練られて完成されたものだと一発で分かりました。しかもそれがサービスで活用できるカタチになっていて感動しました。高野さんは、年間600人以上のコーチングセッション実績をもった方なので、このロードマップはしっかりと実践し成功できる検証ができています。だから私がお客様に提供するときも、知識だけでなく客観性が証明できます。自分でビジネスの仕組みをつくるのではなく、すでにサービスとして使えるものを提供してもらえてかなりラクにスタートができましたね。

また、1カ月の講座のあと、私は個別コーチをつけて併走してもらうこともしました。

それは以前読んだコーチングの本に「本当のプロはプロを雇う」と書いてあったからです。コーチをつけて自分への理解度が違うのを実感でき、頼んでよかったと思っています。

◆クライアントさんからの評価は？

婚活は相手あってのことなので、最初は本当にコーチングで婚活できるの？と思われる方もいますが、実際に進めていくと「森崎さんの婚活コーチングは、自分の意識を変えるきっかけをつくるもの」と、喜んでくださる方がとても多いです。

◆ビジネス以外の、資産運用や仕組み化はうまくいってますか？

権利収入をつくるＢ（ビジネスオーナー）や、資産運用をするＩ（投資家）を並行して行っていき、自分のやりたいことでＳにいくのが理想だと教えていただき、開眼し実践をし始めました。すでに両方で成功され経験も豊富である高野さんを超える情報にはなかなか出会えないとも思ってますからありがたいですね。

旦那さんも働いて生活を支えてくれているので、私が得た収入はしっかり投資に回しています。将来のためにも資産運用は上手に取り入れていきたいと思っています。

◆今後の展望は？

今後は、自分でコーチングをするのではなく、コーチ養成のニーズをいただいているので、コーチとして自己実現したい方のお手伝いをしていこうと思っています。この先3年以内には組織化もし、社会貢献していこうと思っています。

あとは、これまでと同じように旦那さんと仲良くしていきたいですね（笑）。自分が幸せでいることで、多くのお客様を応援していきたいです。

Case3 今まで感覚でやってきたことがコーチングメソッドで言語化され、より明確に伝わるようになった

スピリチュアルコーチ／綾華さん／37歳／二児の母／スピリチュアルサロン開業15年

◇学び開始時期：37歳
◇プロセス：１カ月のセミナー受講→コーチングサービス開始→クチコミの評判やお客様リピートが増えたことにより過去最高月収９７６万円を達成→この技術を広めるためスピリチュアルコーチ養成スクール開校を決める
◇資産運用：実施・運用中
◇現在：スピリチュアルコーチ養成スクールをスタート

◆スピリチュアルコーチとはどのようなサービスですか？

目に見えないスピリチュアルな世界を視たり体感できるように覚醒したり、スピリチュアルな世界やサイキック能力を上げるためにその方の能力を開花させるサービスです。チャネリングやサイキックリーディングなどの透視、ヒーリングなどを使って悩んでいる人をサポートすることを15年続けてきました。高野さんのコーチングメソッドを取り入れることによって、今までクライアントさんに感覚で伝えていたことを言語化することができ、今ではメッセージをロジカルに伝えることができています。

また、幼少の頃から霊能力をもち合わせていたため、他人の痛みや感情、状況、亡き人などにアクセスし、原因や今起こっていることなど視たものをそのままお伝えし、身体の違いを体感していただくなどもしています。悩みや願望をうかがい、リーディングし、願いを叶えるために足りないエネルギーを石の力を借りて、目的地までスピードアップさせていくオーダーメイドパワーストーンの販売もしています。

◆講座を受ける前の課題はどういうものでしたか？

これまでのスピリチュアルサロンでは独学での霊能力鑑定をしていました。クライアントさんとセッションや講座などコミュニケーションをとるなかで、霊能力だけではなく、物事の考え方やマインドについても知識を得ることができたら、もっと私のメッセージが深く役立てられる形で伝えることができるのでは？と思っていました。また、私は20歳で結婚して、23歳で離婚、二児を抱えながら働かなければなりませんでした。その頃の私は体が弱く、半年に1回は入院で、1～2週間家を空けているような状態でした。母にも助けてもらえましたが、会社員で働くのは無理と判断し、自営の仕事をしようとスピリチュアルサロンを開業した経緯があります。そのなかでサロンとしての収入の限界ややりがいをもっと感じられるメニューの組み換えをするにはどうしたらいいかと思っていたタイミングで高野さんがコーチングを教えていることを知り講座に飛び込みました。現在は、今よりも自由が増えてゆとりのあるビジネススキームにすること、またカウンセラーを育成するスクールを開校することを、高野さんにサポートいただいています。

◆コーチング起業講座を通じて、気がついたことは？

理想の未来から考える、という考え方を学んだとき、私のしてきた鑑定やセッションはコーチングであったことに気づきました。普段お客様からいただくニーズで最も多いのは「目の前にある課題を解決したい」というものです。しかしそもそも、そのもっと先にある目標が何か分からないと、私も視えたものをどう活用していただくのがよいか分からず、お客様も本当の課題解決ができなくなってしまう、と感じていました。目の前にある課題解決だけでは、結果、お客様の満足度も上がりません。お客様がどうなりたいのか、どういう形がベストなのかが分かると透視能力を活かしてメッセージをより良くお伝えでき、お客様の本当の幸せに導くことができます。私が感覚でやってきたことに対して、高野さんのメソッドは一つひとつに理由がきちんとあり、言語化されていることに驚きました。また、セルフイメージの書き換えの技術も自分の目指す感覚を昇華していくために活用でき、とても良かったです。

◆コーチングを学び、1カ月で34人のコーチングセッションを実施、すごいですね！

「これまで15年間、自分のサロンでもセッションをやってきているんだから、とにかく学んだコーチングをやってみたらいい」と高野さんに言われ素直に実施しました。ただ、なにしろコーチングは今までやったことのない新しいメソッドであったのでセッションはけっこう緊張しました。結果的には1カ月で34人のコーチング体験セッションを実施でき、その方々のなかからぜひコーチングをお願いしたいと複数の契約をいただき、高野さんの講座費用はすぐに回収できました。

高野さんは講座のなかで「コーチングの初契約が取れたら自分にどんなご褒美をあげたいか考えてください」と言われるのですが、私はコーチングの初契約のご褒美に、これまで苦労させた子どもたちに好きなものを買ってあげようと決め、契約した金額すべてをプレゼントしました。子どもたちが本当に歓喜していてうれしかったです。

◆投資や資産運用についてはいかがですか？

私は23歳で起業家になっていますが、ビジネスを継続する難しさを常々感じていました。働かなくてもお金を得ることができる権利収入の知識はあったので、早くそのスキームを取り入れたいと思っていたところへ、高野さんの起業を安定させていけるB（ビジネスオーナー）や、I（投資家）についての知識を得ました。自分が本当に安心して生活ができるESBIのステップ・スキームがあれば、本当に好きなことに時間が使える未来が実現できると思いました。

また、投資は絶対行う必要性を感じていたので、個人的に学び3年前から運用をしています。私に何かあったとき、収入源が絶たれて子どもたちが路頭に迷わないように投資や運用は今後もしっかり続けていきたいです。

◆今後はどうしていきたいですか？

ビジネスを仕組み化し、本当に好きなことに時間を使う人生にしたいです。新たな展開として2021年から私のこれまでの経験を活かした新たなカウンセラー養成スクールを始めることを決めました。「何もなくても生活や人生は変えられる」といった私自身の体験を価値にして同じように人生を変えたい人たちのサポートをしていきたいと思っています。

また、みんなでオリジナルの手帳を作っていくことです。これは小さいときから思っていた夢です。自分を整え、自己啓発をメインに自分を管理して自分のなりたい未来をつくっていき、それを体現して連鎖していけるような仲間たちとで皆さんの役に立てたらうれしいです。

Case4　自分には何もないと思っていたのに、コーチングで「夢見るお手伝い」から「叶えるお手伝い」ができ、収益アップが実現

ヨガセラピスト／松沼ちひろさん／37歳／一児の母／元大手金融系会社員

◇学び開始時期：34歳
◇プロセス：1カ月のセミナー受講↓コーチングビジネス開始↓4カ月で月収100万円達成↓そのさらに4カ月後に起業（子育てと両立しながら自分のペースで起業を進めた）
◇資産運用：運用中、月利8％
◇現在：コーチングとヨガ教室をマイペースに行いながら、オリジナル商品のリリースも行い、好きなことを仕事にした理想のライフスタイルを実現
◇今までのコーチングセッション人数：100人以上

◆ヨガコーチ＆セラピストとはどのようなサービスですか？

ヨガやセラピーを通じて心身の癒しや生命力を高めるプログラムを提供しています。「自分を知り、自分を好きになる。体、心、魂をバランス良く磨いて自分らしい人生を謳歌しよう」と伝えています。

「自分を知る」「理想の未来を描く」プロセスでは高野さんの分析ツールなどさまざまなコーチングメソッドをベースにしています。それにより、クライアントさんは本当の自分自身を知り、安心して受けてくださっています。また、世の中の子どもたちが、希望をもって自己肯定感が高く育つようにと大きなビジョンを掲げて活動しています。

悩みに対してはタロットカードも使用し、潜在意識を見ていきます。

◆講座を受ける前はどのような課題をおもちでしたか？

四大新卒から10年間大手金融企業に勤め、結婚と出産、育児と歩んでいたのですが、それをすること自体が自分にとってはとても大変でした。案の定、子どもを出産後なんとかワーキングマザーとして働こうとしましたが、心身のバランスを崩して退職することに。療養中に、趣味で続けていたヨガの学びを深めたことが人生の転機になったのです。ぼんやりと、ヨガを教えていきたいと思っていましたが、どうやって稼ぐんだろうかと悩んでいたところで34歳のとき、高野さんの「稼げるコーチング起業メソッド」に出会えました。

◆講座を受けてご自身はどう変化されましたか?

高野さんの講座は目標達成型ですが、それ以前に「自分とは何か?」といった、自分のあり方を大切にされています。このメンタル的な分野は好きな部分で得意としていましたし、必要だと思っていたのですんなり受け取れました。

体調を崩して悩んでいた頃で暗かったので、自分を信じることも最初は難しかったのですが、もしかしたらこれをやったら変われるんだろうな、とワクワクし始めたら1カ月で明るく変容してきました。

通常は1カ月5日間の短期集中の講座ですが、私は療養中だったし、子育てをしながらでしたから、1年間かけてじっくり学びました。

◆講座内容を自分の強みにどう活かしましたか?

「自分の在り方、自分はどうしたいのか?」を掘り下げていくと、その先にクライアントのもっと深いところの悲しみを癒す必要があることに気づきました。

自分を知るというプロセスは、私は自分一人で体感するのは無理があると感じていました。高野さんは私のような学ぶ者に近く関わってくれ、第三者の目で自分自身を知ることができましたが、それは高野さんの特徴でもありとてもパワフルなワークのおかげだったと思っています。プロのコーチなど、第三者に関わってもらえるから目的達成できるということを私は自分の経験からお客様に話すことができます。

また、「理想の未来をイメージする」ということも、私はヨガによって体を動かしていたのでわりとイメージがしやすかったですね。頭がガチガチの方は出にくいので、私はヨガを通じて心身を緩ませてからイメージしてもらっています。

◆資産構築と資産運用もされていますか？

正直なところ、投資などＥＳＢＩクワドラントの考え方がなく、収入が不安定なままであったら怖くて起業を続けられていたかどうか分かりません。起業と同時に小額から投資は始めています。投資内容は分散させています。高野さんからの学びでこれまでの人生になかった視点をもつことができて本当に良かったです。

◆起業当初、コーチの伴走は必要でしたか？

起業当初の1年間、私はコーチにサポートしていただくことを決めました。分からないことが多い起業初期、客観的な視点で応援してくれる人がいたことでうまく軌道に乗っていくことができたと思います。慣れない時期は途中挫折したくなるときもあり、客観的に見てくれたコーチのおかげで、乗り越えてこられたことは多いです。起業やビジネスをしたい方、コーチやメンターをつけることはおすすめです。私はつけるべきと思っています。

◆ほかに起業をしていくうえで、大事なことは？

私は、高野さんの講座を通じてたくさんの仲間をつくりました。高野さんの生徒さんでつくられているコミュニティもあり悩んだら皆が支えてくれたり、アドバイスをくれたりします。実際、起業をしたあとは不安や不明点だらけで壁にぶつかりますから同じ志をもつ仲間の存在は大きな力になりました。高野さんのつくる環境へは、いつでも自分をバージョンアップしにいけますので助かりますね。

◆今後はどう活躍されていきたいですか？

私の起業の目的は、「自分のもっている能力で稼いでいきたい」「時間とお金の自由・自分が思ったように時間をクリエイトしていきたい」そして「もっと人と深く関わっていきたい」というものでした。

今後も、ヨガと精神世界をつないだオリジナルメソッドをつくり、自分らしく生きたい人のサポートをさらにしていきます。

自分を良くしようと学んでもなかなか実行できない人は、できない自分にさらに自己否定をしがちです。体を使い、学びを体感することが、前に進む近道ということを多くの方に伝えていきたいです。

おわりに

ここまでお読みいただきありがとうございました。

「時間やお金、能力や立場など、あなたになんの制限もなかったら、本当はどうしたい？」

私がこれまでにご縁をいただいたクライアント様全員に最初に尋ねてきた質問です。

本来、私たちはそれを追求し、その実現のために日々を過ごしているはずです。幸せになりたいと誰もが願っているはずです。しかし、その幸せの定義を求めても、明確に答えられる方はほとんどいませんでした。

どうなれば達成なのか？　何がゴールなのか？　私たちはその定義を明確にしない限り、それを叶えることはできません。たまたま叶うことはあるにしても、それは本心から望んでいたものとイコールであることのほうがまれでしょう。つまり、幸せは誰もが願っているはずなのに、その幸せは叶わないと初めから決めつけたかのように、目の前の課題にただただ向き合い、日々に忙殺されてしまう。

この矛盾は過去の私にもありました。

その矛盾に気づかせてくれたのが、クライアント様でした。

私はコーチングを通じてクライアント様と向き合うたびに、自分自身の内にある矛盾に気づき、どうせ自分にはできないという思い込みや自信のなさにハッとさせられることが多々ありました。

そして、自分自身の失敗談や苦しい経験、つい目を背けたい恐怖を直視し、それが人の役に立つという体験から、私の心の葛藤は次々に解消され、ありのままの自分を受け入れ、自信を取り戻すことができるようになりました。

だからこそ、私はコーチングという人の心に深く関わり、目の前の人を介して自分自身と向き合うこの仕事を一人でも多くの方に届けたいと切に願っております。

私は幼少期、両親が休みも取らず、早朝から深夜まで働く自営業の家庭で育ったことがもとで、いつも忙しく働いていないとだめな人間なんじゃないか?と自分を追い詰めてしまい、人生の目的が働くこと、成果を挙げて人から認められることにすり替わり、呪縛のような自己暗示を自分にしてしまうようになりました。

しかし、稼ぐことに躍起になっていると、こうあるべき、こうでなきゃいけないという形にこだわりだし、とても不自由で窮屈さを感じました。そうではなく、「どこまでも自分らしくいる」ということこそが、真の自立であり、それを許すことができている人が、自由で、豊かで、周りにも魅力的に映ることを、今はよく理解しています。

起業はその一つの手段でしかありません。

その先にあなたはどうなりたいか、が重要です。

ですから、私はこの本を通じて稼ぐことに躍起になるのではなく、「本当はどうしたい?」というあなた自身の心の声に耳を傾け、それを叶えてあげてほしいと願っています。

それを叶えることであなたは本来の魅力を取り戻し、人から愛され、そして結果として経済的にも精神的にも豊かな人生を歩むことができるでしょう。今の私のように。

この本が、あなたの理想の未来を叶えるきっかけになれば幸いです。

高野貴士

高野貴士（たかの たかし）

1978年栃木県生まれ。

22歳で渡米、ニューヨークでレストランの料理長となり、年齢・経験・多様な人材のマネジメントに苦労し挫折。試行錯誤の末、コーチングのスキルと出会う。

29歳で帰国。株式会社柿安本店にて大手百貨店の経営・マネジメントに携わり、人材の育成に貢献、対前年での増収増益日本一を達成。その後、ノバレーゼへヘッドハンティングされ、社長室マネージャーに就任。有名ホテルのレストランなど数々の店舗をプロデュース。2014年、株式会社クリエスティヴ設立。これまで7年間で、約1000人の経営経験のない女性の起業プロデュースを行う。最短5日間で学べる独自メソッドを伝える「コーチング起業スクール」は現在、70期（2021年3月現在）を迎える。会社経営・FC事業オーナー・権利収入・資産運用など「7つの資産」を保有し、起業して終わりではなくその先の「自由で豊かな自分らしい生き方」＝真の自立（自由女子）を叶えるメソッドが幅広い層に支持を得ている。現在も、年間200回以上のセミナーや講座、スクールを開催している。

本書についての
ご意見・ご感想はコチラ

好きなことで月収100万円！
起業のタネが見つかる
自由女子の教科書

二〇二一年四月一六日　第一刷発行

著　者　高野貴士
発行人　久保田貴幸
発行元　株式会社　幻冬舎メディアコンサルティング
〒一五一-〇〇五一　東京都渋谷区千駄ヶ谷四-九-七
電話　〇三-五四一一-六四四〇（編集）
発売元　株式会社　幻冬舎
〒一五一-〇〇五一　東京都渋谷区千駄ヶ谷四-九-七
電話　〇三-五四一一-六二二二（営業）
印刷・製本　シナノ書籍印刷株式会社
装　丁　弓田和則

検印廃止

Printed in Japan　ISBN 978-4-344-93226-5 C0034
幻冬舎メディアコンサルティングＨＰ　http://www.gentosha-mc.com/